日本で過ごした二十ヶ月

H・G・ホーキンス
Henry Gabriel Hawkins

創風社出版

日本で過ごした二十ヶ月

H・G・ホーキンス

この本は明治二十五年秋、アメリカから旧制松山中学の英語教師として松山にやってきたホーキンス先生の日本滞在記である。

はじめに

二十ヶ月に及ぶ日本での任務は、まさに十九世紀が終わろうとしていた頃で私にとってかけがえの無い素晴らしい体験であった。この冊子は日本滞在時に書き溜めていた日記や手紙の一部である。必要に応じて一、二か所の追記、変更がある。

ヘンリー・ガブリエル・ホーキンス

目次

一　太平洋ロイヤルメイル蒸気船「エンプレスオブジャパン号」

海上にて――七月九日

「エンプレスオブジャパン号」は一等乗船券を持つ船客にとっては海に浮かぶ宮殿である。申し分ない食事と時折行われるコンサートのための食堂、読書や書き物、またはゆったりと過ごすための図書室、座って夕日を眺めたり、世界の果てからの同乗者たちと談笑したり歩いたりするためのデッキがある。喫煙室やトランプ用テーブルを置いている場所もある。しかし、もし船客が寝台で眠りについている夜中に、凄まじい霧笛に起こされたならば、自分の運命は海の波と乗組員たちにゆだねられていると思い知ることになるのだろう。

使用人や船尾で賭け事をしている中国人乗客を除けば、乗客はほとんどが英語を話す人々であり、彼等の多くがロンドンとニューヨークからであった。子連れはほとんどいなかったが、父親が上海の税関の役人であるという少年と知り合いになった。この少年はアイルランドに一年間滞在し、現地の学校にしばらく通ったそうである。彼の話のほとんどがアメリカの寝台列車の快適さと、上海にある大きな野外音楽堂についてであった。

今晩か明朝には、十二日ぶりに陸地を見ることになる。我々は横浜に二十四時間滞在し、それから、同じこの蒸気船で神戸に行き、パスポートを受け取るまで、そこに留まる予定だ。バンクーバーあたりで過ごした二、三日を除き、ウィニペグを出てから昨日まで、屋外ではオーバーコートが必要な天候だったが、一転、急に暑くなってきた。

ビクトリアで船は一晩停泊した。それ以来時速十五マイル近くの速度で進み、航海が中断されることはなかった。数頭のクジラが遠くで潮を噴き上げている光景に出会ったり、ベーリング海では、二隻の食料運搬船らしき船が遠方に見えたり、船から投げ捨てられる食べ物を数羽のカモメが狙っていたりするのを目撃した。時には濃い霧に包まれ、約五分ごとに霧笛が鳴ることもあった。厚い雲に覆われる中、時折現れる太陽や月に照らされる広大な海原は、たいてい大きく波打っていた。先週の日曜日には、荒波は船を左右に激しく揺さぶり、船長は、事前に、法学・文学博士でもあるヴィンセント牧師には英国流の礼拝を、そしてキー主教には説教をするように取り決めていたのだが、ついに、「礼拝は中止せよ」と命じざるを得なかった。

少しの娯楽に加えて、午後になるといつも、屋外の甲板ではクリケットのゲームが行われた。ボールはネットで外へ飛び出さないようになっている。中国人は雑用係として働いている。乗組員を構成しているのはイギリス人だった。料理長はフランス人である。毎日配布される昼食の献立を一目見れば、豪華な料理のことがわかった。昨夜は、乗客の何人かと一等航海士たちによってコンサートが開かれた。長い髪（弁髪）に箸、夢中になって賭け事をする中国人の作る人だかりは見ものである。

二度ほど船酔いしたものの、私の健康状態は良好だ。我々の船は立派で大きく、現代文明の恩恵を受け管理も行き届いている。とはいえ、私は海の旅を陸の旅と同等に好むとは言えない。上下するような揺れは快適とは言い難い。あるご婦人は二日目に音を上げたらしくそれ以来、ご自分の個室から出られないようだ。どの船にも独特の臭いがあると聞くが、この船では常時どこかをゴシゴシ削り落としたり、ペンキを塗ったりしている。場所によっては、非常に独特な臭いがして、確かに贅《ぜい》沢な旅とは言えないだろう。

二　江戸湾と横浜

横浜――六月十日[※1]　我々は、ついにアジアの地に足を踏み入れることになった。今日にも上陸の予定である。少し見物してから明日には神戸へ向かうことになっている。フジヤマはここから八十マイル離れた雲間にあり、冠雪が美しい日本の神聖な山である。

横浜は江戸湾に面している。我々は正午に到着したが、朝食前に乗客全員がデッキに出て、比類なき富士山の歓迎を受けた。この山は、ロッキー山脈とは一味違う。ロッキーは雄大ではあるが、時には雲に隠れ、常時冠雪している富士山は美しい。反対側に目を向ければ、遠くに火山の噴煙が見える。船は湾に向かってしなやかに移動し、歴史的に興味深い場所も見えてくる。その中には友好を求めて大音響で入港したペリー提督と彼の従える船団に関連する場所もある。やがて市街地のある緑美しい沿岸が見えてきた。

この船が接岸できる埠頭が無いので、船は二、三百ヤード[※2]離れた外港で停泊している。いろいろな国の大きな軍艦、石炭運搬船や補給船、地元の多種多様な汽船、小型蒸気船、商人や漁民の帆船、半裸で日焼けした海の男に操作されている丸木舟のようなサンパンと呼ばれる艀《はしけ》船も数多く見える。船が完全に停まる前から、ホテルや関連会社の代理人たちが、エンプレス号に押し寄せ、乗客たちは瞬く間に大量の名刺などを手渡された。我々の一行は、小型蒸気船に乗り、上陸し、続いて、三人並びの人力車に乗りこんだ。我々の仲間の吉岡氏は、真ん中に陣取った。氏には馴染みの乗り物であったが、一方左右の乗客には、この小さい乗り物の俊敏な動きは目新しく、興味をかきたてられた。

我々の人力車は、主に地元の街中を通り抜けて走った。そこは込み合った狭い通りで、玩具、菓子、ちょっとした品々などを売る小さな店がひしめいていた。パタパタと日本人の履物の音が絶え間なく聞こえ、また、様々な日傘をさしている人も見えた。数頭の馬や牛が、綱に引かれてよく働いていたが、小さな荷車のほとんどは、裸足または草鞋《わらじ》をはいた男たちに引かれていた。

我々は人力車からいったん降り、丘を少し登り寺院に向かった。寺院内にある鄙《ひな》びた露天の茶店では、お歯黒の老女が我々に休憩を勧め、丁重に茶菓子を出してくれた。寺院の扉を入ったところに、参拝者が置いた数枚の銅貨があり、扉の外にはかなり摩耗した仏像があった。顎の神経痛に悩む人が、仏像の頬をこすり、次に自分の頬をこすると、軟膏薬を塗ったのと同じ効果があるという。

デュレーパー氏は横浜のメソジスト教会の宣教師で、共に太平洋を渡ったのだが、氏の招待を受け、我々は氏の家と立派に設立された女学生のためのミッションスクールを訪問した。吉岡氏はそのまま残り、地元の食事、風呂、寝床を体験することにし、まず私たちを艀船（サンパン）に乗せてくれた。その艀船の舵取りは男性と少年の二人で、ベンハーのように櫂を操り、程なくエンプレス号に横付けしてくれた。

「海の覇者ブリタニア」の曲が聞こえてきた。今朝、朝食の前に英国海軍の楽隊が、輝かしい楽曲を次々と演奏した。英国の大きな軍艦三隻がこの湾に停泊しており、それらの提督が我々の船を訪れ、優美な小舟に乗った大勢の人は、それぞれの船の間を絶え間なく移動し儀礼的な挨拶を交わしていた。最後に提督の旗が下ろされ、乗組員がデッキに集合した。海軍式の敬礼を受け、再び音楽が流れ、大砲が鳴り響く中、我々は美しい帆並みと美しい山並みを後にして出港したのだった。

※翻訳者注1　冒頭の六月は七月の間違い。「来日メソジスト宣教師辞典」に七月十日の記載あり。
※翻訳者注2　1ヤードは約1m

横浜、日本

三　会議が開かれる　—目新しい光景と音—

神戸にて——七月二十六日——我々が神戸に到着した日に、中国からのパーカー博士と私の松山での前任者であるターナー教授は、ここから十二マイル（約十九㎞）ばかり山間の温泉地である有馬に行く準備をしておられ、私も一緒に行くことにした。中国や日本からの大勢の宣教師が、そこで八月を過ごし、休息を取り、温泉水を飲み、温泉の恩恵に浴し、山の空気を吸う。一週間そうして過ごした後、私は神戸に戻って、アメリカ南部メソジスト監督教会の日本会議に出席した。それが先週の水曜日で、最初の部会は多分明日には終わるだろう。必要な通訳の説明は、その目新しさがなくなると、あまり気を引かなくなったとはいえ、部会はとても興味深かった。私はずっとアメリカ人と一緒にいて、自分がミシシッピの故郷から遠く離れているということを忘れてしまうくらいだった。

私が滞在している山二番館のランバース夫人の家は外国人居留地にある。だが街は、私には騒がしいことこの上ない。今も氷売りが「こーおーりー」と叫んでいるのが聞こえる。近くに、生徒数千五百人の尋常小学校が見える。体育の教師が我々の朝食前から授業を始め、彼の号令や生徒等の運動、声、その他もろもろの音が午前中ずっと聞こえる。

もちろん私はここで見たものを書くことはできるのだが、それは差し控え、ただ次のことだけを言っておこう。山並みや田圃《たんぼ》、入り江に浮かぶ帆船がとても美しい。人力車は素晴らしい。役所が行うすべてのことは先進的である。上流階級の人々は賢く学識があり、そうでない人々は無学ゆえに愚かしい。地元の店は小さな商店ばかりだが、時折、きちんと整備されている店も見受けられる。

四　山の保養地にて

有馬——八月三日——一八八四年に出版され、広く読まれているライン著『**Japan**』では、有馬は日本で最も名高い温泉場であると記されている。が、聞くところによると、今ではもっと名の知れた温泉があるそうだ。君も一緒に来ているならば、夜は山間から流れ来るせせらぎを子守唄とし、朝になれば、異教徒が手を叩く音や聞き慣れないつぶやきの声で目覚めるだろう。朝食の前、すぐ近くの「鉄砲水」と呼ばれている湧き水まで散歩する。この源泉は鉱質が優れていると言う。食卓に着くと、オーツ麦の粥、ご飯、ステーキ、焼き魚、ビスケット、パン、バター、紅茶、牛乳、コーヒー、シロップ、ワッフルが並ぶ。食後は聖書を朗読し、賛美歌を歌い、祈りを捧げる。まずは英語で、その後英語を勉強しているキリスト教徒である日本人の為に日本語で祈る。

正午前には数ある滝の一つへ行くか、山麓にある寺を訪れるか、或いは山頂の神社まで歩いて出かけることもある。その神社から遥か遠くまで見渡せる景色を眺めると、きつい山登りが報われる。帰り道には、愛想のいい地元の人が商う矢場があり、一銭五厘（一・五セント）出せば見事な弓で二十射撃てる。また地元の人の手作り品が並んでいる竹細工の店もある。四月のアメリカ南部のように空気は澄み涼やかである。今のところ何事もなく過ごしている。ここの風呂の一つに天然塩温泉がある。

中国と日本各地から来たおよそ百二十五人の宣教師が八月の一か月、ここに滞在している。そして次の日曜日、キリスト教会議が始まる。キー主教が、先週の日曜礼拝で、深く心に響く素晴らしい説教をしてくれた。マラリィウ主教は会議に出席の予定だ。私は賃借りした神官の家―神道館―の独身者用宿舎を運営する五人のうちの一人である。ターナーとキャラハン両氏はともにジョージア州出身で、ここでは教師役である。ウィルソン氏とディヴィス氏はノースカロライナ州とミズーリ州出身の正宣教師であり、自分たち専用の料理人と個人的な教師を伴っている。全員、仕事を一時休んで各々陽気にふるまい楽しい時間を過ごしている。私たちの仲間のうち二人は昨日神戸へ行き、中国と日本の南部から到着したばかりの五人の若い女性宣教師を連れて戻ってきた。彼女らが来たことで、いろいろ尋ねたり、冗談を言い合ったりする好い時間ができている。私が松山で賄いをしてもらうモーズリー夫妻が当地にいて、なにかと親切にしてくれる。言葉が通じないことを除けば、日本に住むことを厭《いと》う理由はなさそうだ。いくらかの不便はあるが、多くのことは都合がつく。例えば、鉄道や人力車を利用でき、充分すぎる召使いがいることなど。外国人はここでは、快適に過ごすために洋服を着るのであって、流行で装うわけではない。

私の俸給は、年に千二百円、約千二百ドルで、[※3]愛媛県から月給として支払われる。八月二十日頃には松山に向けて出発するが、途中数日は、神戸と大阪に寄るつもりだ。大阪は、この国、大日本帝国の第二の都市だ。

昨晩、ターナー氏と私は銭湯からの帰り道、誘われたので日本でよく見かける飲み屋に立ち寄った。そこにいた数人の若い男女は、歌ったり、楽しげに話をしたり、笑ったりして、とても陽気だった。女たちは少しの間三味線を弾き、男たちはその三味線の音に合わせて踊っていた。

※翻訳者注3　現在の貨幣価値に換算すると一円は約二万円。

五　パスポートが無ければ

日本に住んでいる外国人は、パスポートが無ければ開港五港[※一]（箱根　新潟　横浜　神戸　長崎）のどこからも二十五マイル（約四十㎞）を超えては旅行も居住もできない。パスポートを手に入れるのに何日もかかることがある。実際、私のパスポートは、神戸におよそ三週間滞在した後に届いたが、手紙が添えられており、それには、私の俸給は私が松山に到着したその日から計算されるとされていた。だから、私は下山の準備をして数日を過ごしてから神戸に戻った。というのも、高温多湿な気候のせいで、あの辺りの外国人はみんな、有馬温泉や山間の保養地へ避暑に出かけていた。ランバース夫人は、私に食料や、コレラの薬瓶を一つ、そしてブランケット入れを持たせてくれた。ブランケット入れは最近亡くなった夫のランバース博士が、瀬戸内海を行き来する際に使っていたもので、ランバース博士は、われわれ派遣任務の父といわれる人だった。

　また、気を付けて守らねばならない注意点やアドバイスをたくさんもらった。そして私は出発したのだが、船が順調に航路に出た頃、一番大事なパスポートを神戸の宿のテーブルの上に置いてきてしまったことに気が付いた。ヴァダント・シンプル氏の著書『日本についてのノート』で、彼がパスポートを無くした時、ホテルで一晩中警察にどのように監視されたか、という話を読んだことがあった。何人かの宣教師は、同じような状況で上陸を拒否されたという話をしていた。なんてことをしてしまったのだろう！　私を神戸に連れ帰ってくれる船などない。担当官たちは私を松山に上陸させてくれるだろうか？　仮に上陸できたとして、私は彼らに何をされるのだろうか？　周りは、穏やかで青い海、雪のように白い帆、美しい小島や麗しい山々である。だが、パスポート[※4]を持たない者には一体どんな意味があるというのか？　このように、誰しも、マルタのように、小さな事にはずいぶんと気を使うのに、一番必要なことを忘れるということがある。そうはいえども、これは実に大問題だ。英語が話せる、同情的な日本人の事務官はこの私の悲惨な話を聞き、当局もこのような場合、常識的に判断するだろうと言って慰めてくれた。彼はパスポートを郵送で私のもとへ送るよう電報を打ち、松山に到着した時には当局に取り調べられない限りこの件を言わない方が良い、と助言をくれた。私は彼の助言に従い、おかげで、面倒なことは起きなかった。

※著者注一　著者がアメリカに帰国したのち、日清戦争後に新しい条約が締結され、一八九九年七月時の旅券に関する制度は過去のものとなっている。

※翻訳者注４　マルタ：キリストの布教中、かいがいしく世話をし、キリストの話を聞くばかりで世話をしない妹を咎め、かえってキリストに叱られた女性。（新約聖書）

六　日本の家屋

家は主に木と漆喰《しっくい》で作られている。それらは明るくて風通しが良く、通常は平屋建てである。屋根は一般的には瓦葺《ぶ》きだが、茅《かや》葺きの場合もある。材木は主に手作業で製材されている。立派な家には、大工が、木肌と趣のある節そのままに残したヒッコリー（クルミの類）などの木の幹を、家の丸柱として味わい深く組み込んでいることがよくある。

公立学校や多くの公共施設では、建物、服装、そしてマナーの多くは、アメリカの若者が見慣れているものと非常に似ている。しかし、家の中では多くのことが非常に異なっている。椅子、寝台、鏡付き化粧ダンス、ダイニングテーブル、煙突、暖炉も、ストーブも、どれも見当たらない。主な部屋にはドアや厳密な意味での窓はないのだが、各部屋の二つ以上の側面を分けることができる仕切りがある。それらの仕切りは互いにすれ違い、すべるように動く。家全体を簡単に一つの部屋に変えることができ、夏の日には家の縁側全体を開け広げることもできる。さまざまな種類の珍しい履物がマット敷き（畳）の床に触れることはない。玄関先の履物を数えることで、今家の中にだいたい何人いるかや、ホテルの宿泊客の数を知ることができる。裕福な家々は、非常に清潔であるが、一部の地域では、不衛生極まりない。絹をまとった金持ちが人力車で物乞いたちのそばを勢いよく駆け抜ける。他のどの場所にもあるように、人生の両極端がここにもある。

床を形作っている畳は、表は、草を念入りに織られたものであり、下側はしっかりした畳床が詰められていて、周囲を縁取りしてある。それぞれの畳は、幅三フィート（九十㎝）、長さ六フィートである。家の大きさは、部屋の数とそれぞれの部屋の畳の数でわかる。二枚の畳が一坪である。三百坪の広さの土地は、借り賃が年五ドルである。

殆どの家では、その家の家訓や縁起の良い言葉が漢字で書かれた芸術的な額をどこかに掲げている。私の家のそれは、訳せば「雲間に明月、葉隠れに花」である。

九月十三日——昨日、私は高浜に泳ぎに行ったが、海は荒れていて雨が降ってきた。私は小さな建物で雨宿りをしたが、それは一種の避難小屋として建築中のものだった。大工たちは、日本の建築工法を彼らの高度な職人技で見せている。二人の親方は、がっしりと引き締まった体つきで、腰の回りに長い腰帯を着けていた。

女性のように細心の注意を払いながら、鉋《かんな》を押すのではなく、とても手際よく引きながら、自分たちの仕事に精をだしていた。彼らは、砥石を頻繁に使った。そして鉋を引くと、木材と同じ長さの、見事に薄く削られた鉋屑が飛びだすのだった。鉋自体は精巧であり見事な道具で、薄い木の中に刃がはめ込まれていた。もう一人は、片方が丸くて、およそ四×六の木材の一片を鋸《のこ》で切りとることに専念していた。彼は、足の間にその一本をしっかり挟んで床に座り、小型の鋸を使って働き続けていた。私は、鉋を使っている人のために厚板を握っていた。このことを彼は面白がり喜んでくれた。その小屋にいる一人は、荒々しい漁師に見えるが、荒波のせいで、避難所に来たようだった。彼は自分の使っている煙管《キセル》の煙草を行儀よく私に差し出した。きっと彼は私に敬意を示そうと思ったのだろう。私は、彼にお礼を言った。

七　外国人の日本での暮らし

松山——十一月二十五日——前回、箸を試した時、自分でも驚くほどうまく使えた。実践あるのみである。空腹らしき中国人や日本人がご飯を食べる姿はとても目を引くが、数百人の生徒を連れて先生方と一緒に外国人が住むことがなかった町へ出掛けた時、私のナイフとフォークを使う姿は、人々の笑いを誘った。もちろん、外国人が日本人を訪ねる時は、できるだけ「日本人」のようにふるまうのが当然だろうが、自分の家では玄関で靴を脱いでスリッパを履くこと以外は、アメリカにいる時と同じようにふるまえる。ここ松山の、快適な二階建ての家を想像してもらいたい。二階には二部屋があり、一つは寝室、もう一つは書斎。一階にはいくつかの小部屋があり、そのうちの二つは居間と応接間として使っている。また別の部屋には二人の元気な男子学生が住みこんでいて、私の用事をいつでも受けてくれるのだが、私たちの使う言語が著しく異なるため、時にはそれが難しいこともある。

　これらに加えて、快適な浴室、伝統的日本庭園が二か所、そのうちの一つには金魚がいる小さな池もある。その他必要な備品がいつでもすぐ使えるように置かれている。これで私の居場所を想像してもらえると思う。二ブロック先にはモーズリー先生の家があり、そこで私は食事をとり、さらに二ブロック先には学校の校舎があり、そこで私は優秀な若者たちと朝の時間を過ごす。モーズリー先生と奥さんはまだ有馬から帰っておらず、地元の女学校で教えているミス・ガニソン女史[※5]は数日留守にしているので、この辺りでは外国人は私一人だけである。

　しかし来客が多くなってきて、面会時間を決める必要がでてきた。客人は主に日本人教員と、四百五十人のうちある程度の英語を話せる学生たちである。これは、当地の悲しむべき事情と分かっているが、また同時に気持ちを励まされることでもある。

※翻訳者注5　明治二十二年松山女学校に着任、松山最初の在住宣教師と言われる。

八　松山―温泉の町

私は丁度松山の地図を見ている。四十五の寺と九つの神社を数えたところである。これらは全て市内にあり、あまり小さい神社は含まれておらず、郊外の村にあるのも含まれていない。大きさは違うが、二百二十五の区画があり、約四万の人が住んでいる。

地図に意味の分かりやすい名前を見つけた。古町（「古い町」と古い考えに固執することを意味する）、古町駅、外側駅、師範学校（百二十五人）、中学校（四百五十人）、尋常小学校（千三百人）、幼稚園、新聞社（日刊）、公会堂、裁判所、県庁、警察署、劇場、会衆派（プロテスタント）教会、会衆派女子校、城、軍の病院、兵舎と練兵場、堀（兵舎を囲んでいる）、千舟町（「千の船の通り」という意味）、石手川、運河（流れが速くきれいな水の小さな用水路もいくつかある）、湧き水、市民病院、銀行などもある。

この地図が印刷されてから、いくつか変更があった。町の湧き水はとても冷たい。有名な温泉は、一マイルちょっとの所にある。代々の松山藩主が湯あみをし、天皇も過去には訪れている。先月二千八百七十九枚[※6]の風呂の切符が売られたが、これらの何枚かは回数券である。一回の入浴の値段は、半セントから十セントくらいだ。町には二十六の公衆浴場があり、毎日およそ五千人に風呂を提供しており、平均して、一回、半セントである。付け加えると、多くの家には内風呂がある。一般的な家庭の浴槽は体全体を浸せる大きさの木桶で、湯は耐えられる限りの熱さにして使うのだが、浴槽の下や横についている小さなパイプかストーブで沸かす。このパイプの中で炭火が燃やされ、湯が適当な温度になると、家族のメンバー、最初は父親、それから母親、子どもたちが次々と入り、そして最後に使用人が風呂に入る。湯はそのあいだずっと沸いている。家族全員がこれを終えるのには時間がかかるので、時折，火をおこす。入浴の目的は清潔さだけではなく、主に、お湯の刺激と鎮静効果である。入浴する人は何度か浴槽から出ては冷たい水をかける。

※翻訳者注6　半セントは現在の貨幣価値では百円くらいである。

九　祝宴―日曜日の街

これを書いている間、家の周りで冷たい風がヒューと鳴り、近くの小さな竹藪から葉擦れの音が聞こえる。土曜の夜、日本の初代天皇をたたえる祝宴に参加した。その日は彼の即位を記念する祝日（紀元節）だった。この宴会は中学や師範学校の教師と病院の医者によって催された。この種のものに私が参加したのは二回目である。十二月に私は大きな宴会に行った。宴会は妻を連れずに男性だけが行き、接待のために二十人ほどの歌ったり踊ったりする芸者を雇うのがならわしである。これらはとても珍しく興味深い。しかし私はその慣習はよくないと思うので、一月の宴会への参加はことわった。もう芸者は呼ばないことになったので、昨晩は参加し楽しんだ。東洋の宴会は見るべきだ。八時に戻り、帰りを待っていた二、三人の愉快で聡明な生徒たちと話したり本を読んだりして二時間も過ごした。彼らは雪が静かに降る中を帰って行った。

昨日（日曜日）の朝、雪は一インチ（二・五㎝）ほど積もっていた。ここでは、時々月夜でも雪が降るらしい。少なくとも私の故郷のような雲が無くても雪は降るようだ。二十マイル（三十二㎞）離れたところにある、四国で一番高い石鎚山やその周辺にある山々の頂は二、三か月の間ずっと冠雪している。

八時に朝食をとるために私と一緒に出かけているとしたら、住宅地にある私の家の前の通りは二本の商店街の通りに繋がっていることを話しておこう。道幅は、アメリカの馬車が二台すれ違うのに十分な広さである。とはいっても、この目で確かめたわけではない。人が引く荷車は一日中往き来し、夜になっても多い。時折荷を運ぶ馬が引かれて行き、たまには一頭の牛か、牛と人が一緒に、木組みだけの細長い荷車を引いている。この辺りでは騎馬隊を除いて、馬に乗っている人はいない。今、向かいの家の玄関先に人力車が停まっている。主は県の役人である。

世間並以上の裕福な家を十軒ほど通り過ぎると、我々は左に曲がる。日曜日なのだが、庶民にとっては関係がない。みすぼらしい女性が頭に大きな桶を載せて通りを行ったり来たりしている。歩きながら「魚いらんかえ～」と憂いを帯びた叫ぶような声が耳に響く。通りの右側では大工たちが家の普請に勤《いそ》しんでいる。床屋は散髪し、髭をそり、洗髪している。店先を磨いている年老いた女性は床屋の母親で、常にお湯を準備し、釣り銭の応対をしている。お望みなら、左側にある洒落た宝石店に入って、置時計でも腕時計でも買うことができる。或いは、何か食べる方がいいならば、少し行ったところには菓子屋が並ぶ。金物屋では、職人等が何かの機械を使って作業している。おもちゃ屋を営んでいる上品な女性が店番をしている。別の店では、一人の客が雨天用の下駄を一足買っている。職人はいつものように床に座り、一枚の板を両足のつま先で挟み、のみで彫ったり鉋をかけたりしている。と、たちまち晴天用の下駄が一足出来上がる。その一角の端を右に曲がるのだが、そこの四つ角にはそれぞれ、本屋、仕立屋、酒屋、旅館がある。そこからは数歩でモーズリー先生の家の戸口に着く。

十　礼拝参加

先の手紙で、私は君に日曜の朝食をとるところまで話した。さて良ければ、君自身小さな集会にやって来る信者たちと共に礼拝に参加すると想像してみてほしい。そこは、教会が建てられるまで借りている普通の家だ。日本語で「松山メソジスト教会」[※注二]と書かれた縦書きの表札がなければ、道沿いの他の家と教会とを見分けられないだろう。通りに面した家の小さな戸のくぼみに手を掛けて、横にスーと滑らせ、開けて入ることができる。

内側の数平方フィートの土間は、すき間がないくらい履物でいっぱいだ。もちろん君も靴をここで脱がなければならない。もうひとつ別の戸を引いて開け、一段上がると、そこはその場にいる人全員に挨拶をする所である。もし礼拝がもう始まっているならば、終わるまで挨拶は控える方がいい。一般の人が多く礼拝に参加する教会もあるが、ここでは信者とキリストの教えを求める熱心な人ばかりのようだ。こういう人たちは、席に着いたすぐ後と、退出する直前にお祈りして頭を下げる。どの信者も求められれば、人々の前で祈りを捧げることができる。彼らは、ひたすら無心に祈るばかりである。一人の若い男は、牧師補になったばかりの去年の秋には何度も言葉を詰まらせて話していたが、今は祈りの際に、時々雄弁に語る。日本人の会衆の中で、何人かは深い瞑想状態の時に頭を下げがちである。これは説教者に敬意を示すためだと言う人もいる。つまり、聖書の言葉に心を動かされ、深い考えを持つに至ったかのように感じるので敬意を表しているのだと。また説教者の言葉に興味が湧かないからだと言う人もいる。さらにまた、日本人は正座に慣れているから、この頭を下げる姿勢は、畳に座ろうが椅子に座ろうが、いつでも彼らにとっては自然なことであるからだとも言われている。

※著者注二　この手紙が書かれた後、松山にランバース教会という、メソジスト教会が建てられた。

十一　小川に沿って

郊外へ二マイルほど私と一緒に散歩すると思ってほしい。同行者は、私と一緒に住んでいる若い書生と東京の大学に通う一人の学生である。前者はクリスチャンで、後者は教えを求める者だ。彼は病気がちで、体調が良くなることを願って松山の兄の家に来ている。二人とも英語が話せて、散歩が好きだから頼りになる道連れだ。石手川の左手の土手へ出かけよう。石手川は流れのはやい澄んだ川で、町の南部を通って流れている。午後の三時になった。道すがらいたるところで、その日の最後の荷となる燃料を町へ運んでいく少年少女たちに出会う。炭を持っている者もいれば、山から切ってきた小枝を大きな束にこしらえ、短い棒の両端に括《くく》りつけて担いで運んでいる者もいる。馬や牛、そして男や少年たちに引かれた数台の荷車は、より重い荷を引いて運んでいる。馬は手綱を引かれ、馬沓（牛馬用草鞋・まぐつ）を付けている。ほとんどの馬の首には鈴がつけてあり、またどの馬の背にもたくさんの荷を積んでいるのを見ると、どのように家畜の背に重い荷を載せればいいか、日本人はよく知っていることがすぐに分かる。

道路と畑の間には櫨《はぜ》の並木があり、その木の実はローソク作りに使われる蝋になる。最近、雪が一面に降り積もり、まだ米作りの時期ではない。しかし畑のあちこちの雪が解けた所はすべて、また川の土手のでこぼこした斜面さえ畑として耕されており、そして小高く作られた苗床には小麦や豆が列をなして育っている。農民は一年を通して自分たちの米作りのために肥料を集めるのに余念がない。そして今は、水田が干上がる夏季に備えて、山麓にある溜池が手入れされているか、また、川から水を引き入れるための取水口に不具合はないかに気を配っている。我々は一人の男を顕彰して建てられた、簡素な碑[※7]の前を通りかかった。その男は小さな灌《かん》漑《がい》用の取水堰《せき》を立案施工した人物だ。取水堰では、川（石手川）のおよそ三分の一の水量が、川そのものより高い所にみごとに取り込まれ、その辺り一帯を潤し、やがて海に向かって流れて行く。あるところでは、流れの一部が使われて小規模な精米がなされている。その水車小屋は生い茂った竹林の中に隠れていて、そこにあることに気が付かないのかもしれないが、好奇心があれば道をそれ、小道を下ってそこに行くだろう。

　二千年におよぶ人の営みが、小さな川の美しさを損なうことはなかった。川の水はどこも清らかで澄んでいる。川は時にはうねって曲がり、時には流れを速め、そして滝のように流れ落ちる。少し水深がある所では、釣り人がニジマスを釣っている。我々は、ほんの三マイル（四・八㎞）先の水源地にある滝を見に行きたかったが、日が暮れつつあった。

　山裾にある寺まで戻り、山門で休むとしよう。大きな節のある松の木が頭上にあって、枝を広げている。足元には小川が流れていて大きく古い聖なる石が、小川をまたいで掛かっている。その石橋に足を踏み入れてはならない。もし踏み入れたら、あなたの足は不自由になるという。その寺は石手寺と言い、「石と手」と言う意味だ。その寺の開祖が、石を手で握って生まれてきたと言われている。川は、その寺の名前から名づけられたという。
神の賜りものは、惜しみない優しさゆえに、いたずらに広がり
異教徒は、その無知ゆえに、木や石に額づく。
※翻訳者注7　寺井内川堰の近くに堰建設の碑がある。一八四二（天保十三）年、和気の代官三浦正左衛門が建設に当たったとある。明治二十三年四月建立。

十二　新年の祝い

松山――一月五日――今週はクリスマスと新年を含む、半月ほどの冬休みの最後の週である。私は友人たちのいる広島に四日ほど滞在し、残りの日々はここ松山で過ごした。今日の午後、生徒と一緒に彼の叔父が住んでいる村まで五マイルほど山を越えて歩いて行く。この叔父は日本の封建時代の生活を描いた古い絵をたくさん持っているそうだ。

ここでは新年を盛大に祝う。正月の三日間、人々はいろいろなところを訪問し、ごちそうになるのである。元日の日曜日はとりわけ役人たちが年始回りをする。翌二日の月曜日には、商人たちが買物客用に特別なお楽しみを付けて、店を夜中から日の出まで開けており、通りは夜明けまでの間、一晩中本当ににぎやかだ。

幼い男の子は、お年寄りに助けてもらい、道や野原や山間でも凧揚げをする。女の子たちは

晴れ着を着て毬つきや石けり、羽根つきをする。

年末最後の日は準備に充てられる。各家の入口の両側には山から採ってきた小ぶりな松の木が一時的に植えられ、門口には橙と稲わらで作った飾りが取り付けられる。掛取りは提灯を手に夜中まで通りを走り回る。長期間のつけの清算が終わり、新しい商売の話がまとまる。かなりの量の餅や雑煮が用意される。餅は蒸した米を突いて柔らかい塊にしたものだ。この練った塊はそのままで食べたり、小さなビスケットのように成形したりもする。時には甘く煮て潰した小豆をその中に入れることもある。雑煮は新年の時だけに食べる料理で、茹でた餅と魚、いろいろな野菜を使う。

あえて言うとすれば、信心深い人々は無論のこと、さらにはそうでもない多くの人々までも、新年の朝には家に祭っているすべての神様に祈りを捧げる。天皇自身もこの日は国の平和のために祈るのである。一月の間は若い男女が自宅などに集ってカードゲームのようなものを一緒に楽しむ。これは男女が交流する唯一の機会であり、その他の期間は男性と女性は厳格に分けられている。数々の祝いの行事は酒を飲みすぎることを除けば素晴らしいと思う。

十三　雪と雪像

ここではこのところ雨と同じくらい雪が降る。遠くの山々は何日も雪に覆われている。しかし、昨日まで街には雪は積もってなかった。雪の降る中、友達らと山を歩いて登ると寺[※8]があった、それは千年前に創建されたと言われているものだった。仏教寺院で、神秘的な調度品があり、旧約聖書の神殿の礼拝を連想させる。

※翻訳者注8　第五十番札所繁多寺　創建、天保勝宝年間七四九〜七五七のことか。

今日の午後はいつもより暖かく、太陽が輝いて、いたるところで雪は溶けだしている。今朝は雪が降ったり、日が照ったりだった。しかし昨日、夜明けのずっと前から午後二時まで、雪は激しく降り、この時点でこの冬最大の約二インチの積雪となった。

学校からの道すがら見かける雪で作られた様々な像にすっかり心を奪われてしまった。それで、思い切って、午後遅くに外に出て、人々が、どのようなものを作っているのか書き留めることにした。以下は、書き留めた一覧表から抜粋したものである。

小さな男の子――非常に特徴的で、頭が剃られているが、真上に丸い部分があり、耳のすぐ上に二つの正方形の箇所[※9]がある。白髪になるまで、すべての日本人の髪は黒い、それで、木炭と墨汁は両方とも大量に使われ、黒い法服や毛という毛を描くのに使われている。睫毛や眉毛、頭の毛にかかわらずである、別の像では、口ひげやあごひげにまで使われている。

※翻訳者注9　幼児は、頭上中央だけに髪を残して剃る芥子《けし》や、後頭部と耳の上の髪だけ残す盆のくぼといった髪型が江戸時代から続いていた。

弘法大師は、四国に二十八の寺院を開いた僧侶で、松山はこの四国にある。神としてあがめられる神道の神主、彼の手に持っている紙のひだでできた旗（御幣）でそれとわかる。

ふた宮、双子の岩、かつて太陽の女神がここに隠れ、世界は真っ暗となった。

大黒、富の神で、いつも米俵の上に座っている。彼の耳は大きく、立派なことから、耳が大きくて、耳たぶが豆を一つ乗せることができるほど反りだしている人は皆、金持ちであるという迷信がある。

僧侶：像は座像であったが、それでも高さは十フィート（三m）、頭の長さは約三フィート（九十㎝）。この僧侶は、仏教を勉強しながら、動かずに同じ畳の上に十二年間座っていたと言われている。

しゃがむウサギ　　花が飾られている巨大な花瓶　　古代の石灯籠、または街灯

古代の英雄　　鬼の首　　酒徳利

十四　城への散策

中国から来ているM・ヒル牧師は、日本で数日を過ごしているが、嬉しいことに、今は松山

におられる。君も一緒に散策してみよう。半ブロック行ったところで右折し、さらに二ブロック行き左折する。すると、そこは大街道つまり本通りである。ここには珍しいものがありすぎて、通りのそこここで立ち止まってしまう。この中国からの牧師は、中国と日本で出会った女性たちの様子から、それぞれの国の女性の立場の違いを指摘した。彼は、後者は何かをする権利を与えられているという点では恵まれているが、控えめで貞節であるという点では前者が優れていると考えているようだ。昼夜を問わず賑やかな劇場を通り過ぎると、通りは城山の裾に沿って曲がり始める。城は castle のことで、山は mountain のことである。別名「勝山」とも言われている。

しばらくして、我々の案内役として来ている軍人と一緒に坂道を登り山頂に向かう。松山病院や神社が下のほうに見える。我々は、三十年前に、常に二本の刀を差し、時々は重い武具を着けて同じ道を通ったであろう武士のことを考えながら登っていく。城は、四万人の武士の本拠地であった。彼らは戦役に備えていて、平時には武術の訓練をした。農民は年貢米を彼らに運び、商人は彼らが通り過ぎるときには平伏した。山には木々が繁っているが、山道を登っていくと、ちらちらと下の街を見ることができる。

我々は大きな石垣[※10]のところまできた。これは壊されてはならないものだ。なぜなら、この石垣は高く、外からは決してよじ登れないように造られており、最初の本丸広場となる広い台地の唯一の支えなのだから。見事な門と次の門を通り抜けて行き、その傍らの二番目の石垣を過

松山城一部

ぎて次の広場まで上ると、武器を保管したり、営舎として使われているいくつかの建物が見える。今では年老いてはいるが、現役の管理長が、すでに鍵を持って我々をさらに案内するために出てきている。彼は、とても大きく深い井戸から水を汲み上げ我々に見せた。その井戸は、彼の説明によると、掘られたものではなく、二つの山頂の間の谷間を土で埋めて作られ、石積みが進むにつれて水が上がるように縁石が築かれたということである。つまり、この山には元々二つの峰があったということである。我々はこの広場を歩いているが、このあたりは今では管理長の小さな畑としてその役目を果たしている。神事の道具一式が保管されている建物が角地にある。さらに二つの門があり、それを通ると、中央の建物、つまり本丸御殿に囲まれている中庭に出る。一階の広間は、万が一敗北の場合には、城主らが上の階から縄梯子で降りてきて自害するところである。別のところにある階段でこれらの広間に上がってみるといい。すると、やっと登り着く最上階から、周囲の街、海、島、田畑、遠い村や山々などが見渡せるだろう。

海へ向かう道には、七つの急な曲がり角が作られており、その部分に攻め寄せる敵の埋まり方によって、敵の兵士の数が予測できるよう仕組まれている。

※翻訳者注10　松山城本丸で一番高く、高さ十七メートルで「高石垣」と呼ばれる。

約三百年前に、日本のナポレオンとも称される豊臣秀吉の家来であった加藤嘉明がこの城を築いた。四十九年前に再建され、当初の木造部分では大きな第一の門が残っているだけである。建築構造としては、取り上げるべきものは見当たらないが、花崗岩を大量に使ったことを考えると、その費用は百万ドルに達するだろう。現在、この建物は全く使われていない。ここに駐屯していた兵士等の兵舎は、今では近代化され城山の麓にある。城の荒れ果てた様子や、立ち並ぶ古道具屋の店先で、鋭い刀や槍の山が買い手を求めているのを見ると、世界はイザヤの言葉の顕現に向かっていると思わざるを得ない。「やがて人々は、その剣を鋤《すき》に、その槍《やり》を鍬《くわ》に鋳直して、民は民に剣を振り上げず、もはや争うことなどない。」

城主加藤は豊臣秀吉の水軍大将の一人でもあった。彼の年収は十五万石。建築に使われた石材は、他の島の石切り場から袋詰の上、夜中に密かに運ばれたと言う。城は予想以上に頑丈にでき上った。また、内密に運河を作り城と海と結ぶことも計画した。このような企みの故、将軍側は加藤を妬み、彼を弱小国へ追いやり、松山には非力な領主を送り込んだ。加藤は松山を日本の都にしようと企て、この城山から出陣するとの疑惑もあった。故にこの城山は「勝山」と呼ばれるようになったそうだ。

毎日、城では正午を知らせる大砲が鳴らされる。生徒たちはこの城の絵を、何枚か私にくれた。城主加藤と城に関する昔の面白い話もいくつか聞かせてくれた。その中から生徒たちが最も好んだ話を一つ紹介しよう。「あるお付きの者が、城主加藤が大切にしていた五枚組の皿の一枚を割ってしまった。加藤に呼び出されたお付きの者は、厳罰を受けることを覚悟し、震えながらやってきた。加藤は残りの四枚の皿を持ってこさせると、その皿を即座に床にぶちまけ、言った。「人と皿とは比べ物にはならぬ。」つまり皿よりも家臣が大切だと明言したのだ。

九月九日――三時に雨が降り出し、我が家から見える城山に、黒く怒れるごとき大きな雲が真正面に現れた。

十五　夏の暑さ

私は日本人の先生と一緒に二度ほど高浜に行ったことがある。そこは蒸し暑い夏の午後でも、とても涼しく、さわやかな風がずっと海から吹いてきて、海水浴は実に気持ちが良い。休憩所の下の階の相部屋は二銭、個室だと四銭だ。

昨日、私は家に持って帰ろうと思い、貝殻を一つ拾った。私がそれをもっていると、ある先生がもっと小さい貝殻があると教えてくれた。その中には、とても奇妙な蟹のような生き物がいて、波打ち際を波に乗って行ったり来たりしている。波が弱いときには幼児のみせる片足這をしている。私の貝殻を見ると、醜い体が半分突き出ていた。思わずそれを投げ捨て、ばらばらに砕いて命をうばってしまった。殻を砕くということは、その動物の手足をばらばらにすることに他ならない。

七月三日――日本での私の二度目の夏の蒸し暑さがやってきた。モーズリー先生と私は毎日午後に海へ行って泳いだり、島の岩影に浮べたボートに座り勉強したりして過ごした。そこでは十分の涼が取れた。海のボートの他に、行き帰りには電車にも乗った。電車からの眺めを楽しんだ。農家の人たちは田植えをしていて田んぼは一インチの深さまで水が張られている。

昨年、松山での最初の一か月の間に、百人ほどの人がいわゆるコレラで亡くなった。学校は感染防止のため、二、三日閉校した。宣教師たちは遺体安置所に運ばれている遺体対応の必要があるときを除き、感染拡大中も果敢に町に留まったと聞いている。宣教師や外国人は主に上の階で寝起きし、いつも水は沸騰させてから飲んでいる。そして夏は、かなり幅の広いウールの腹巻を、冷えとお腹を壊すのを防ぐために肌につけている。松山の衛生環境はいいと思う。しかし私は、休暇を学校の一か月の休暇よりも延長してもらうよう頼むつもりだ。そうなれば、そのほとんどを有馬ですごすことになるだろう。

十六　祭りと祝日――神輿

松山――十月十八日――今日は有名な教育勅語の記念行事があり、ちょうど学校から帰ってきたところだ。学校ではいろいろな形でお祝いをする。彼らは天皇から賜ったものに触れるとき、最敬礼をする。そして今日この勅語を読んだことで、私は霊の領域にある神話の場面を思いだした。これはたくさんある国民の祝日のうちの一つである。午前中、地元の友人と一緒に千百九十二年前に創建された大宝寺に行った。僧侶は我々を茶でもてなし、二つ三つ骨董品を見せ、芸術家のようで、私のために絵を描いて一月頃に家に送ると自ら約束した。寺院の上の山頂からの松山やその周辺の眺めは一マイル歩く価値が十分にあった。

十月七日――松山と周辺の恒例の祭りは驚くべきものだ。午前五時、道後の神社から神輿《みこし》が出ていく宮出しは、私に古い日本と異教のこの上ない実例を示してくれた。道後は松山から一マイル離れている。神輿は、「ジャガーノートの車」のようなものである。神輿は早朝四時に出発することになっていたが、それぞれの輿に奉安されている神霊たちがライバルであることから信者の間で争いが起こった。ああ、狂乱の群衆、そして聖なる箱は百本の手であちこちへと運ばれていく！　まるで他の神輿に出会い激しく競い合うかのように、前方へ。後方へ、右へ、左へ。また、酒がたくさんはいると、角や側面が粉々になるまで力を込めて地面へ。実際の殴り合いの場面で、喧嘩している相手を引き離す以外、警官はほとんど役に立たない。神聖な宝物の守護者である神主でさえ、暴徒のような担ぎ手の熱狂から神輿を守るすべもなく、礼服を着て後からついて歩いていた。担ぎ手はすべて身分の低い若者で、白っぽいそろいの衣装を着ていた。頭には鉢巻を締めていた。多くの若衆も祭り装束を着て、皆が神輿を担いでいるのを見ていたが、強面たちに追い払われる恐れがない時には担ぎ手にもなった。士族階級の者は神輿を担がないと、一緒に行った生徒が小声で私に説明してくれた。

道後と三津ヶ浜地区は松山よりもこの儀式に熱中している。二つの地区は「酒と女」があふれているような所である。それでも道後の神輿は松山にやってきて、すべての道をくまなく神霊が乗る神輿を担いでいった。これは、人々が神輿めがけてお米を撒き、各々の通りが神霊の加護を受けられるようにするためだった。もちろん怪我をする人もいるし家も傷つけられる。私は神輿が上下に激しく揺らされると、屋根の一方が何かにぶつかるのを見た。子供を肩車している一人の信者が、神輿の側の群衆に揉みくちゃになっていた光景が忘れられない。

その日の午後、松山で、私は地元の生徒数人と、二本の刀を差している武者や昔の貴族などの仮装をして面をつけた少年たちを見た。自分の店のショーウィンドウに神話や歴史上の人物の見事な人形を飾っている店主もいる。一体は三韓征伐に出兵した神功皇后《じんぐう》で、もう一体は女に化身した大蛇を退治した俵藤太《たわらとうた》である。

神社で我々は神事を目の当たりにした。私に付き添っていた生徒が巫女と呼んでいた女性が最もかいがいしかった。

十七　山腹の家

私の家は、町の東半分を見渡せる山腹にある。家はそう広くも立派でもない。しかし立地場所は最高で裁判所の建物の上、開けた草地にある。私の以前の家があった通りを北へ向かうと、裁判所から山へ回り込む通りと交わる。現在の私の家は、その通りの突き当りから真北にあり、山へ登る家並の最後の家である。家の下の方には町、背後とその上の方は鬱蒼《うっそう》とした森が広がっている。さほど日陰でないところには、おいしいキイチゴの一種、ワインベリー（エビガライチゴ）が斜面に色づいている。

気が向けば、一緒にお城の方へ登ってみよう。数分で遥か遠くに村々や海に浮かぶ島々、山並み、寺や田畑などが見渡せる。実際、私の家の窓からは、遠くの雄大な山々の姿、すぐ下には町、その向こうには田畑が見え、さらに二本の川筋が何マイルもはっきりと見える。

聞いてごらん！　芝居小屋で不思議な音がするから。二ブロック先では、かわいそうに物売りの少女が通りを行き来しながら「おいりんか〜」と声をはりあげている。寺の鐘が鳴り響く。風変わりな身なりのお遍路が、ちりん、ちりんと悲しげな音の鈴を鳴らして、近所の戸口で耳慣れない巡礼歌を詠じている。

そして今はすっかり夜。松山の夜警の男たちが通りを歩いて、二本の拍子木を打ち、悪者を怖がらせ追い払う音をたてながら火の用心の見回りをしている。私は山の下の通りから拍子木の音を聞くと、就寝時刻になったと気づく。

十八　第三宇和島丸乗船記

第三宇和島丸という船名の船が、九州の南側にある小さな港町の日出町《ひじまち》に停泊している。大分とは、県名であり、豊後はその地域の古い呼び名だ。宣教師のザビエルは豊後を訪れ（一五五一年九月）、数百年前には豊後で戦があったが、その戦で反乱軍の一つを組織したクリスチャンたちは敗北し、その敗北の後には残酷な迫害が待っていた。けれども、これら初期のローマカトリック信徒に降りかかった不幸の大半は、キリスト教を日本の国教にしようと画策したことに原因があると思われる。日出町は、大きな湾内の小さな入り江にある。外に向かっては容易に行き来できるのだが、山裾を這い上がるような日出町の陸地は、四方八方から人目につく。雲の影が山頂や山腹の一部を覆い、また他方では日ざしが、松やシダ、そして木のない山頂を見せている。村の高台には神社があり、そこには数個の小さな祠《ほこら》もある。船の積み荷には、きちんと束にした竹の小枝も載せてある。これらの小枝は、鳥かごや戸外のすだれを作るのに使われるのだろう。これを書き始めてから、船は舵を切り別府に向けて進んでいる。別府も港町で、七百もの温泉の湯けむりが日の出のころには町の空に漂っていた。しかし、海が更に開けてくると進路は再度変わる。九州の海岸は、もう一か所の港を過ぎるまで、左舷方向にあるが、それ以降は、船は豊後灘という海域に進み四国を目指す。豊後灘はおそらく波が荒いので、書き物をしている人たちは、ペンを置き、ブランケットを広げ、船酔いに備えて横になるだろう。四国に近づくと、船は松山が中心地である愛媛の沿岸を航行し、そしてそこから船は本州の神戸や大阪に向かう。

別府は大分より五マイル（八㎞）のところにあるが、そこで松山地区会議はその第一回定例会を終えたところだ。宣教師のニュートン氏とモーズリー先生も乗船している。

十九　年老いた神主

昨年の冬、最も寒い時期に一緒に暮らしていた年老いた神主のことを書かなかったのは不思議だ。

その神主はおよそ二十五年間、日本でも有数の神社である金比羅宮に勤めていたそうだ。現在の彼はお米や祭祀料がもらえるならばどこへでも出かけ、お祓《はら》いを行っている。昨年は松山に滞在していて我々の教会の礼拝に何度か出席し、牧師補となった。冬が近づくにつれ、時折私の家に暖を取りに来るようになり、ついには空いている部屋で寝泊りするようになった。彼は頻繁に祈りを捧げ、頼まれれば礼拝堂にいくばくかの援助もしていた。彼は知事やその他の人々が貧困者のための学校を設立し、そこの教師として雇ってもらいたいという望みを持っていた。しかしその老人の希望は実現しなかった。

食糧に余裕がある間は、老人は一日中部屋に引きこもっていた。しかし米が無くなると、彼は神主のような装束を身に着け、悪霊を祓うためのパドルのような笏を持ち、お祓いを行うために家々を訪ね歩いた。この笏《しゃく》を彼は自分自身にも使った。悪い考えを断ち切るために、時々笏で自らの額を叩くのである。お祓いの外出から戻ると、たいてい彼はこの家に滞在している若者にもその日の稼ぎを分けていた。それは時には一度のご馳走と二十セント、もしくは、二度のご馳走と三日分のお米、または、かなりの稼ぎ四十五セントと二日分の米、などであった。彼は以前、同じお祓を行っても二十年前は五ドルも頂くことができた、と言っていた。

老人のキリストへの信仰は、クリスマス頃には強くなっていた。彼は笏を持って家々に出かけお祓いをするのをやめ、生活のために小さなパン屋を始めた。時に、聖書の勉強会で私が少年たちに話をする最後に、彼が発言の許可を求めることがあった。許可されると、彼の流暢な話し方と奇妙な考え方に、少年たちは非常に興味を示し聞き入った。また、元旦には早くから出かけて、十二時頃、二人のアメリカ人女性（ガニソン女史とジャジソン女史）が管理している女学校を訪ねた後戻ってきた。彼の精力的な話し方と、一人の女性の部屋に飾られていた母親の写真を拝むことで、この二人を怖がらせてしまった。家に戻ると、私の部屋に駆け込み、その最も神聖な一角の前に立ち、歓喜の声をあげながら柏手を打ち、私に一緒に礼拝するよう求めた。それで私は、この老人が酔っぱらっていることに気がついた。その後、彼は知事の宴会で飲んだワインの杯数のことを話すと、女性たちに許しを請いに出て行った。やはり、彼のパン屋はあまりうまくいかなかった。興居島という小さな島でお寺の祭礼があり、乞われて儀式を行うために行った。その後、ある日、三津ヶ浜チャペルで彼が畳の上に座っているのを見かけた。日曜学校に行く私にとても嬉しそうに挨拶をした。その後、彼は広島に行き、それ以来、音信不通である。松山に荷物を置いていったので、この冬、また姿を見せてくれるかもしれないという思いもある。

ある日、彼は、日本で完全に純粋な人間は、自分ともう一人の神主だけだと言った。彼は結婚したことはないが、雪のように純粋な女性がいれば結婚したいと言い、私たちに妻となる人を探してくれるように頼み、結婚に必要なお金を貯めるとも付け加えた。

その老人が私に話した中に、次のようなこともあった。「私が、金毘羅神社がある琴平山にいた時に毎日行ったことを話してみます。私は、毎朝、四時頃に起床し、どんなに雨が降っても境内全体やすべての部屋を四時間程かけて掃除していました。掃除が終わると、私は祈祷のためご神前に行く前には、欠かさず冷水で身を清めていました。冷水の沐浴が終わると、神霊がおいでになるところにひざまずき、お祈りをして、『神道行事習い』と呼ばれる本を読んでいました。私はいつもこれらのことを夕食の時間までに終えていました。私の務めは、夕食後人々の家を訪れて、そこの家の神様をお祈りすることでした。人々のためにお祈りすれば、十セントか二十セント、あるいはお米がもらえます。そのような十五年間の月日が終わるころには、私はおよそ六十ドルを手にしていました。人々の家から戻ったあと、病人のために神に祈らなければなりませんでした。そのため、ご神前に行く前に、身を清めるための冷水沐浴をもう一度行いました。お祈りが終わると、夜の十二時まで門番をするのが私の役目でした。私は、金毘羅神社のある琴平山にいた時、起床から就寝までの間にこれらのことをしていたのです。」

二十　絵画

日本人の美意識は独特である。彼らにとっては様々な花を取り揃えた立派な花束よりも、桜の一枝の方がより美しいのだ。美術の分野では、日本人はデザインに優れ、中国人は制作に優れている。日本人は木の上に一羽の鳥をデザインする。中国人はそのデザインを非常に正確に写し取る。その一羽がとても綺麗なので、同じ木の上にさらに十羽以上の鳥を配置し、結局そのデザインを台無しにしてしまう。
近代日本人画家の画集本を購入すれば、次のようなものが含まれているだろう。

しだれ桜の枝に二羽の雀
踊る猿とその飼い主
海辺につがいのコウノトリ
祭りの行列と見物人
田の中のヒバリ
春の湖と山
山頂までの九十九折《つづら》れの細道
川で渇きをいやす二頭の野生馬
老松のまわりを飛ぶカラス
朝日を浴び鳴く雄鶏と雌鶏
流刑地のあばら家にいる菅原道真
（菅原道真は朝廷で高い地位にあったが、天皇が敵の讒言《ざんげん》を信用し、この忠臣を別の島に追放してしまった。彼はそこで死んだが、死後、神となった。）
一輪のバラの花

生垣に梅の木
朝焼の富士山
勅使に梅の木を差し出す女性
(天皇が寵愛していた紅梅の木が枯れてしまったので、蔵人《くろうど》は同じような 木を探すよう命じられた。ようやく見つけ、その持ち主の女性に木を譲るよう求めた。彼女は梅の花が咲くと、そこに鶯が来て歌うので、その梅の木をこよなく愛していたが、天皇の命令なのでいやだと言えなかった。そこで、梅の木が持ち去られるとき、彼女は小さな紙を枝に結びつけた。その紙には次のように書かれていた。

勅なればいともかしこし　「天皇のご命令なので、畏れ多いことですが、
鶯の宿はと問はば　やってきた鶯に宿はどこかと聞かれたら、
いかが答へむ　何と答えればいいのでしょう」

この詩歌にいたく感動した天皇は、梅の木を返したという。)

二一　聖書を携え町や寺院や島へ

私は先週、ミシシッピのレイナー牧師が初めて聖書配付の旅に出かけられた折、同行することができた。牧師は松山からスタートし、冬が来るにつれ南へ向かうつもりだ。しかし、今こ

こで私が話す旅は、私たちが神戸から来る時に一日滞在した多度津でのことである。

朝のうちに、我々は大通りに行き、状況を確認し、戻りながら、十軒ほどの家や店の戸口に立ち止まっては、伝道を始めた。数人の店主は聖書を受け取ることに尻込みをしたが、拒絶したのは一人のみで、大方は喜んで熱心に受け入れてくれた。ある大工仕事の現場で忙しそうに仕事をしていた若い棟梁《とうりょう》は、理解ができずに躊躇《ためら》っていたが、彼は戸口の前を行く人に声をかけ、その本を受け取るべきか尋ねた。その人は、「勿論是非とも」と答えた。この通りがかりの人はクリスチャンだと分かった。彼は我々と少し話し、人々は迷っている、どうして聖書が配られるのかが分からないのだ、と話した。大きい聖書の一冊を二十五人の車夫がいる人力車の本部詰所に置いてきた。そして我々は、ここでも、また別の場所でも一人が読んでいると、廻りに人が熱心に集まっているのを目にし、その日の朝に配られた聖書が古本屋に流れるとか、手渡された聖書が評価されないとか心配する必要は全く無いと分かったのである。

多度津に滞在した午後、我々は近くにあり、この国で有数の神社である金毘羅宮へ行く列車に乗った。神社は琴平山の山腹にある。金毘羅の街はその山を登り神社に合流し、六百三十九段の分厚く幅広の石段を上って、神社の最後の社にたどり着く。ここからの眺めは絶景で、また、登り道沿いに、ずらりと珍しいものが売られている。多くの人が軽い気持ちで頻繁に参拝に訪れ、さらに多くの人は、気晴らしや、観光で訪れている。

問がある。「空虚な神道に、永遠なる人間の魂を導くことができるなどと、いつまで言わせておくのだろうか？」　我々は、寺院の人たちに聖書を渡し、地元の人を訪れることで、その答えの一端を担っていると信じている。ここでも一人だけが聖書を受け取るのを拒否した。そして我々が町を出ようとしたとき、小さな子どもたちが周りに群がり本をせがんだ。我々は残っているすべての廉価本を与え、レイナー牧師は子供たちに歌を歌った。それから我々は、村の点在する平野へ戻った。

　地図を見ると、松山から十マイルの範囲内に、人口千人以上の町が百数えられる。市自体とこれらの百の町や残りの村に、少なくとも五百の異教の寺院があるといっても過言ではない。同じ半径内のクリスチャンの総数は五百人以下である。そしてそれはこの国のいたるところにあり、異教の寺院そのものが、キリスト教信者の数を上回っている。これらの壁を打ち破り、闇の力を克服するために頼りになるのは、日本人のキリスト教信者と常任の宣教師に違いない。しかしこれは非常に大きな戦いで、打ち勝つのはとても重要なことなので、どの国からでも、どのくらいの期間でも、その手に輝く真理の剣をもってやってくる人ならだれでも、この戦列に加わることができる。もしこの軍に正規に入隊しない場合は、その人にスリング（投げ石縄）を持たせ、川底から二、三の丸い石を選ばせよう。

　レイナー牧師の聖書を押し広める方法は独特なものであるばかりではなく、伝道で用いる手法はある意味斬新なものでもある。彼が担う任務は、そうでなければ成しえない。それに、キリスト教徒にとって、改宗していない人や今まで福音を聞いたことがない人々が聖書を受け取りそれを読むのを目の当たりにすることは大いに勇気づけられることだ。

松山の近くに興居島と言う名の島があり、周囲は十マイル（十六㎞）ほどで、八つの町と村がある。島の住民は漁業と果実栽培で生計を立てている。一つの小さな村を除いて他の島民は福音を聞いたことがなかった。そしてその小さな村では一週間前、一時間ほど立ち寄り島民に讃美歌を聞かせた宣教師がそこに残した聖書を展示していた。しかし今は何冊もの聖書が配布され、レイナー牧師が二日間にわたって聖書を分かり易く伝え終えていたので、その言葉は島中で語られている。島民たちは身なりも暮らしぶりも粗末で、ほとんどは字も読めない。彼らの無知と迷信的な神に対する恐れのわりには、見たところ理解力がありそうで、我々を歓迎してくれた。ある時、村の学校の教員宿舎を訪れたが、そこの教師たちは聖書の受け取りを拒み、偏見のない指導をするために、教師は宗教に関わるべきではないという考えを押し通した。我々少人数の一行が町を離れた時、寺の太鼓が鳴るのを聞いた。続いて、その夜には、寺の僧侶が講和をすることが知らされた。

昨夜、松山郵便局に置いてある福音書を読んだ局員がやってきた。五年間刑務所にいる一人の男性と、十年間刑務所にいる別の男性に対する依頼だった。また、キリスト教を受け入れられない人が多い町の日曜学校に通っていた四人の少女は、勇気をもって聖書を求めてきた。農民、商人、鍛冶屋、僧侶や他の多くの人々が、他の方法ではたどり着くことができなかったであろう神の言葉を読んでいる。聖書はそれを求める気持ちがはっきりしない場合は配布されない。しかし、我々はこの求める気持ちを起こさせなければならない。まだ訪ねたことのない近隣の町を訪問する必要がある。

二三　伝道活動と学校生活

松山——十一月十三日——私の日曜奉仕は、三津ケ浜で行われている。この町は人口五千人で、キリスト教の教えが浸透しにくい地域である。そこでは十年間福音が説かれているが目に見える成果はあげられていない。そこの礼拝堂から今戻ったばかりだ。奉仕は妙に疲れるが、時にはとても面白い。教会は貧しい子どもたちのために役に立つ夜間学校を運営しており、一人の若い男性が管理している。ここに通う子どもたちは、日曜礼拝に参加していて対応しやすい。しかし、布教活動の初めは、言うことを聞かない連中の対応に手を焼くこともある。説教に耳を傾けてくれる人の興味を引くために、通行人の多い通りで、教会は何らかの手を打たねばならない。寒すぎる日でない限り、礼拝堂の道路側をすべて開けておく。そうすれば、さまざまな、信仰心を持たない人たちが立ち止まってちょっと中の様子を見たり、説教を耳にしたりするかもしれない。そして、おそらく関心を持って礼拝堂の中へ入って来るようになるだろう。礼拝堂の中へ入ってくる人を、キリスト教徒になりそうだとあざけり笑う野次馬たちがいなかったなら、もっと多くの人がやってくるだろうに。

私は三津ケ浜に住んでいる生徒の何人かと、毎週日曜日礼拝堂で聖書を読むという約束を交わして、今日の午後はとてもうれしかった。学校の生徒の多くが抱いている感情からしても、私が思う以上に彼らの約束には、神の言葉に多くの敬意を払っていることが現れている。すべての宗教から距離をおき、神の存在を意識しないで生きることは、不思議で驚くべきことだ。実際のところ、この国は全体として、神の認識が無くてもうまくやっていけると、世界に向けて懸命に示そうとしているかのように、私には見える。日本はまさに物質主義の国なのである。この生徒たちは、私と一緒に近くの山の頂上まで登った。そこからの眺めはたいへん素晴らしい。日本は美しい景色が広がる国だ。たやすく登れるその山から、遠近に島々を浮かべて深い藍色がきらきら光っている海、山々の連なり、田畑、城、町並まで見える。そしていくつかの村々のほかに、塩田、曲がりくねった鉄道線路、入江や灯台も見える。山の斜面のいたるところで、農夫たちはさつま芋や蕎麦の畑を耕している。

今朝、私は朝食と授業の合間に、生徒たちが体操をしているのを見た。それから十一時から十二時までは、数人の陸軍士官がおよそ二百人の若い民間人の生徒を訓練していた。日本の学校はとても規律正しく組織的で、身体の鍛錬に余念がない。それは良いことなのだが、私が危惧するのは、彼らはパンのみにて生きようと頑張りすぎているのではないか、ということだ。精神的なことはどうだろう…。

学校は生徒のために努力をしており、頭脳と身体の教育こそが必要なことのすべてであると

子どもたちとの写真

考えている。つい最近、松山の尋常小学校の千八百人の少年少女が、野外で体操に取り組むのを見た。少年たちの競争や競技を見るのも、また少女たちの歌を聴くのも、実に楽しかった。

今月は、私がここ松山中学で教え始めて三か月目になるが、これまではとても楽しんでいる。私は、不愉快なことや改善できないことに対して、感情を抑える術《すべ》を習得しているようだ。勿論、面白いことの方が多く、私の身の回りは快適だ。

この中学校には、四百三十人の生徒がいるが、大多数は昔の誇り高い武士階級の出身である。私は、毎週およそ三時間を上級学年の生徒と過ごすが、彼らはたいそう礼儀正しい。私が結んでいる教師派遣契約(YMCA)には、学校での宗教教育に関する禁止条項があるが、生徒たちはすぐにそのことについての教師の立場を理解し、彼らの希望によって、私は自宅で「アメリカの慣習」や「聖書」を勉強する時間を一週間に一度、夜間に設けている。

生徒たちは常に、アメリカと言えばキリスト教を連想するが、開港地での芳しくない外国の評判は、キリスト教を普及しようとする運動の妨げになっている。だから、キリストの信者を海外で増やすためには、大いに努力してこれまでのアメリカのイメージを徹底して変えよう、と主張する人たちの強い思いを、今では理解できる。とはいうものの、日本での成果は実っており、これまでの努力を無駄にするべきではない。ここの生徒の間には、四人のクリスチャンと、仏教や神道が自分たちの宗教だと漠然と考えているおそらく二十五人の生徒と、そして信仰のない四百人以上の生徒がいる。

十月一日――今日、J・ヤギ牧師から聖書を購入する。彼は二十年前、日本国内で五番目に洗礼を受けた人だ。大阪で牧師をするという輝かしい時期もあったが、現在は今治に住んでいる。彼は一万冊以上も聖書を販売した。

先週の日曜日に私は、三津ヶ浜という四マイルほど離れた港町へ行き、礼拝を行った。優秀な生徒がいる私立学校で教師をしている若者が、通訳として一緒に来てくれた。私たちは道すがら、松明や煌々とした炎で照らされている山々を見た。山の斜面に沿って、かなり速い動きで現れる松明もあった。これは異教徒たちの行事で、亡くなった人々の魂が毎年八月四日のその日にこちらへ戻り、そして今、その魂が天国へ帰る道が照らし示されているのだ。

二三　私を憎むものは私の父をも憎む

聖ヨハネの福音書、十五章二十三節の言葉

この後に記す文章は、去年の冬に同僚から受け取った私的な手紙からの抜粋だが、ここに日本各地の現在の状況が見て取れる。もっとも、敵意がこのように明らかに示されるのは稀ではあるが。

「――――夏の間にこの地方のほとんどの地区の仏教徒が集会を開き、もしこの学校でのキリスト教の普及を止めないならば、学校に対する後援や支持を打ち切り、この場にかかわる商売人への不買運動も行う、という脅しがなされていた。校長の息子は以前私のもとで暮らしており、校長自身もキリスト教に反対していなかった。だが今は息子が私と一緒に暮らすことを拒み、学校の教員たちがキリスト教の会合に参加することや聖書を学ぶことも禁止した。ある日、校長は怒って息子にキリスト教をやめるよう強く迫ったのだが、その息子は絶対できないと言った。商売人の中には我々に反対している団体もある。我々から会合の場を取り上げることに成功し、伝道師は居住できる場所を見つけるのが難しくなった。キリスト教を追い出そうと必死な努力がなされているのだが、追い出すことなどできないということがそのうちに見て取れるだろう。そういった妨害が結局は私たちの活動の意思をさらに強く、輝くものとするのだ。――――」

以下は、ある青年から受け取った短い手紙の一部を写したもので、それがすべてを物語っている。

「――私の父は○○歳、名は○○、正式な職業は○○です。今は健康状態もとても良く、性格もとても誠実です。私や他の人にとても優しいです。貧しい人に進んで施します。しかし、父はキリストを信じることを嫌っています。私たちがキリストを信じると考え方が偏ってしまうと、いつも考えているのです。だから、父は私がキリストを信じることを許しません。私はとても不運です。もし父が許してくれたら、私は教会に行きます。ああ、先生は、私のことを大事に思ってくれているのですね。――」

二四　友となった少女たち

レイナー牧師の著作『聖書問答集』の日本での成果について書かれた文章に、その『聖書問答集』を手にした四人の少女のことが言及されているのを君は覚えていると思う。この少女たちは三津ヶ浜に住んでいる。そこは十年の間、福音が全く影響しないとしか思えない場所だった。彼女たちの名前は、ヨシヨ、シマ、マサヨ、シゲヨといい、すでにいくつかの点でその勇姿は、「キリストの磔《はりつけ》を目撃し、その復活を知った最初の人々」だった女性たちの再来のようだ。彼女らの家は三津ヶ浜礼拝堂の近く、大通りの街角の近くにあった。ヨシヨの両親は靴屋を経営しており、シゲヨの父は船会社の社員である。キリスト教布教者が家の前を通り過ぎるとき、彼女らは非常に丁寧にお辞儀をし、時には礼拝堂まで駆け寄って挨拶と歓声をあげていた。

当初、三津ヶ浜に日曜学校を開くことは不可能に思えた。やってくる幾人かの子どもたちは、他の子どもたちに嫌がらせを受けているようだった。そこで私たちは貧しい人々のために夜学を始めた。それによって、出席する子どもたちに、積極的に日曜学校にも来るように促すことができた。

日曜学校に入学した最初の裕福な子どもたちの中に、この四人の少女達がいた。彼女らの遊び仲間は、貧しい子ども達と一緒に日曜学校に行くならば、もう一緒には遊ばないとその四人を脅した。しかし、四人はいじめっ子たちの仲間全員が従うまで出席し続け、それ以来、日曜学校の運営が難しくなるほど参加人数は増えた。時々、責任者が警戒を怠ると、外の仲間の呼びかけに応じて、二十人程の男の子が立ち上がり、通りに向かってどっと逃げ出すのである。彼らの行動は大幅に改善されてきているが、それでも時々彼らが角を曲がったところで歌いはやす、「耶蘇《やそ》、倭国の国賊」（「イエスは国の泥棒」）を聞くことがある。この原因は、我々に敵対する者たちが、外国人が国を奪うために宗教を通して陰謀を企てていると子どもたちに信じさせようとしていることにあるのだ。

昨夜、教会で説教があった。その日の午後、私が教会に着くやいなや、私の少女友達が少し興奮気味でやってきた。その中の一人が、アメリカの愛らしい友達を思い出さる表情を浮かべながら次のことを説明し始めた。何人かのいたずらな男の子たちが、教会の看板を取り外し、海の近くの汚れた水溜まりに放り込んだ。それでその四人が息もつかずに駆けつけ大急ぎで一生懸命に看板を引き戻したということだった。

我々の日曜学校の管理者は、まだ若いのだが、彼はサムジョーンズ[※11]のように一時間くらい群衆をうまくひきつけることができる。他に理由がなくても、そこにかわいい友達がいることで私には三津に行くのが楽しみだ。彼らは、我々が来るのを待ちながら、教会の周りに集まるようになっていた。そして時間があれば、我々は、よく一緒に浜辺まで散歩にでかけ、時々は貝殻をひろう。

※翻訳者注11　サミュエル・ジョーンズ（一八四七―一九〇六）は、当時アメリカの随一の説教者であり伝道者と言われた。

最近、三津の四人の少女がモーズリー家で私たちと一緒に食事をとる機会があった。彼女たちの外国の食卓に馴染んだ様子に目を見張る。裕福なため、それぞれが果物、ケーキ、菓子などの手土産を持って来て、私たちを驚かせた。夕食後、ピアノがお披露目されると、ペダルを踏まずに音が出るのを見て、彼女たちはとても驚いていた。一人が弾こうとしたが、オルガンに慣れているので、ともかくペダルを踏んでいた。殆どの学校には音楽の先生がいて、オルガンもある。我々の食べ物の中には、彼女たちの口に合わないものもあった。もしご飯（称えるべき米）がなければ、彼女たちにとって食事はとても不味いものになっただろう。

二五　神戸港から阿蘇火山へ

日本人は、古代エジプト人のように、外国人の居住を特定地域に制限している。神戸は五か所ある居留地※三（神戸・横浜・長崎・大阪・東京）の一つである。神戸と四国（四つの国からなる島）の西海岸の町々の間を日本小型蒸気船が航行している。その美を誇る瀬戸内海で最も美しい航路である。

日本のすべての学校は、春に二週間ほどの休暇がある。昨年の四月のある日の午後、神戸の関西学院で教鞭を取るケンタッキーとジョージア出身の二人の教師は、旅券を手に切符を買い、この蒸気船に乗り込んだ。

筆者注三　筆者の離日後条約が改正され、外国人はより自由になった。

二六　内海にて

様々な国の大きな船で賑《にぎ》わう港を後にすると、妖精が住んでいるような美しい島々が見えてくる。大きな島、小さな島、緑の島、岩だらけの島、そして次々と現れる島はますます美しさを増すばかりだ。

彼方の沿岸には集落があり、山の麓から山頂近くまで段々畑がある、さらに登ったところでは農夫が草焼きをしている、雨が降ればその灰は肥料となり段畑に流れ込むのだろう。海には漁船や小舟の帆が点在している。この蒸気船を見たイルカの群れが歓喜の声を上げるかのように寄って来る、遠くには本土がぼんやりと見える。太陽の光が変化に富む風景に色合いを添えている。そして、青く深い海原に目を遣ると、船は滑るように進み、神秘的な潮流に乗って海峡に入り、今や海峡を出るやと見れば、再び山側に急旋回する。

そして、夜になると船室の床に毛布を敷き、できる限り眠らなければならない。翌朝、目を覚ますと、船は多度津に停泊している。この付近には、日本で最も知られた神社の一つである金比羅或いは琴平と呼ばれる神社がある。今も一人二人の船客が甲板に出て、神社に向かって手を叩き参拝している。

正午頃、船は四国の一つの都市である松山に停泊した。甲板から四マイル離れているが、松山城の素晴らしい勇姿を見ることができる。松山城は松山市中央の山の頂上にあり、よく保存された広大な封建時代の遺跡である。ここで私は一行と合流した。

日暮れ頃、船は豊後灘に入った。灘とは波の荒い難所を意味し、この夜は一行の一人が、かなり船酔いするほど海は荒れていた。この灘に向かうように長く突き出た岬があり、それを回り込むように船は西に進み、九州の何か所かに寄港した。そのうちの一つ大分は阿蘇への出発点としては最適だ。一日時間に余裕があったので、我々は別府に立ち寄った。別府は日本三名湯の一つである。

二七　温泉の街

夜中に上陸してすぐに、ホテルに併設されている温泉に入った。翌朝、無料の共同浴場をいくつか訪ね、ガイドなしで山際を散策した。多くの温泉があった。あるものは絶え間なく一様に湧き出し、あるものは噴出し、あるものは澄んだ水を供給し、あるものは泥を少し噴き上げていた。あるところでは、農民が温泉の熱だけで野菜を茹でていた。山側には観光温泉地、村、町がある。あるところで、親切な女性が私たちに温泉水を飲ませてくれ、飲むと少々ミネラルの味がした。沸騰する湖もあり、後で聞いたところでは、温泉は七百もあり、十分ごとに数フィートの高さまで水を吹き上げる間欠泉も一つあるとのことだった。

二八　イエズス会の回想

美しい汽船から渦を巻いて立ち昇る煙や、おびただしい漁船の帆を遠くに見ながら、別府から大分まで一時間、海沿いに人力車に乗る。大分は豊後地方の県都である。ここは一五四三年にポルトガル人が上陸し歓迎されたところだ。九州で最も力のある封建領主で、日本で最初の

切支丹大名の居城として、その当時、とても重要で繁栄していた町であった。旧名は府内とい
い、そのことについては次の信頼できる歴史資料を引用しよう。

「イエズス会修道士の九州最古の居留地で、主な支援先の一つが豊後の府内だった。その地の領主（大友宗麟）は、修道士からヤカトドノ（屋形殿）あるいはフランシスコ王とか我々のメセナ（スポンサー）と呼ばれ、彼と面識のあったメンデス・ピントは、一五五三年にゴアから宣教師と一緒に彼のもとへ二度目の来訪をしている。彼は一族の多くのものと共にキリスト教信者となり、一五八七年に死去。城下には、二十人のポルトガル人神父が働き、学位を授けるコレジオ（大神学校・修道士の養成機関）があった。加えてロヨラの弟子や友人たちは町の近くに修道院を所有していた。」

「一五八二年、イエズス会の働きかけにより、当時の豊後の大友宗麟、大村純忠、有馬晴信ら、切支丹大名たちが、ローマ教皇グレゴリウス十三世の足に口付けするために、そしてリスボンとマドリードで、フィリップ二世に敬意を表すために四人の使節を送った。うち一人は豊後のフランシスコ王の甥《おい》で、彼らは皆、十五歳から十八歳の経験の浅い若者にすぎなかった。」

以下はインド、喜望峰、セントヘレナ島を経由してリスボンに至る長い航海の興味深い記述である。

「ポルトガル、スペイン、イタリアをめぐる旅はまるで凱旋行列のようだった。それはひとつには、若い未熟な日本人に、キリスト教の都の豪華さとキリスト教文明の成果を印象付ける

ためであり、一方では、彼らが強大な王の使節として、勝利したキリスト教世界とそのトップの教皇にひざまずくために、はるばるやってきたことを示すためであった。」

彼ら天正遣欧使節の少年たちは八年後に再び日本の土を踏んだ。しかしこの間に多くの変化が起こり、キリスト教支持の明るい空は迫害の雲に覆われようとしていた。その後数十年の間に、あらゆる種類の、時には死に至るほどの残酷な拷問が行われ、豊後だけではなく帝国のすべてからローマカトリックキリスト教が完全に駆逐された。

三百年の時を経て、今ノースカロライナ出身の一人の若者がパスポートを得て大分に住み、この同じ豊後にメソジストプロテスタントキリスト教を確立しようと奮闘している。彼は修道院もなく、遠い国に華やかな使節団を派遣することもなく、また現在の日本の国粋主義の下、多くの改宗者を得ているわけでもなかった。しかし彼は誰も奪うことのできない改革の思いを胸に刻んで、年を重ねるにつけその思いを強くしていることを我々は確信している。その彼が今回の火山への旅に加わる。

二九　火山への道のり

阿蘇は九州のほぼ中央にあり、北東の海岸沿いにある大分から西の熊本に向かう道を途中で離れ、三マイルほど南に位置している。この道は日本政府が莫大な費用を要して建設したに違いない。以前は細道だったが今では街道である。いくつかのトンネルがあり、さらに、多くは川床に沿った岩だらけの山の麓に道を切り開かなければならなかった。

日の出とともに大分を出発すれば、日が暮れるまでには阿蘇の麓の坂梨村に着くだろう。人口五千人の竹田は、その中間地点にある。我々一行は竹田まで人力車で行き、そこからは自転車に乗って道案内をしてくれるケンタッキー出身の仲間を除いて、駅馬に乗った。午前中の道沿いには素晴らしい景観の川、雪を頂いた山、段々畑、絵のように美しい渓谷、そして簡素な水車小屋が多く見られた。我々が通り過ぎた森林一帯では野生の猿が出没すると言われていたが、少し離れた竹田では蒸気エンジンの音が聞こえていた。また竹田ではヨーロッパのイエズス会が、真摯な教徒に送った鐘を見ることができるだろう。そしてこの近くでキリスト教徒である藩士の娘への壮絶な弾圧が行われた。午後は我々のゆっくりとしたペースのお陰で美しいヒマラヤスギの群生、古代の壊滅的な噴火の証をみる良い機会になった。最後の十マイル(十六km)ほどは行く手に火山から立ち上る噴煙が見える。

土は肥えているように見え、夏のトウモロコシの茎が残存しているが、人家はまばらで、大部分の土地は耕されていない。我々は坂道を上り、そして最後には非常に長くて、急な傾斜を下って、やっと坂梨に着く。坂梨とその先の村は、周囲が世界最大の三十マイル以上ある旧噴火口の壁の内側にある。

三十　山腹を登り頂上へ

午前中、駅馬に乗るとすぐに二番目の村に着く。そこから残りの二マイルほどは、車輪のある車は通れないので、ほとんどの場合馬で行くのが無難である。我々は歩いて行き、間もなく樹木が茂った麓に着く。ゆっくりと波打つ草で覆われた丘を登り、最後に切り立った谷を通り抜け、数本の低木を除いて草木はなく、丸く固まった岩だらけの丘を越えた。

私たちが頂上に近づいた時、氷が岩の裂け目の中に見えた。しかしもっと遠い茶屋へ着くまで、のどの渇きを癒すものは何もなかった。私たちの反対側にある火山を登れば雪で覆われた山の峰がある。先へ進むとやがて地鳴りのとどろく音が聞こえてくる。そして火山灰でできた火山円錐丘、スコリア（火山岩滓）、焼け石があるところに達した。しかしこれまでは勾配が緩やかであった上り道は、ここでさえ険しくない。四分の一マイル（四百m）ほど登ると一番高い地点に至る。そこから数フィート下ると、平坦なカルデラになる。そこは広々として噴火口の西のあたりで、凹凸のある競馬場のように伸びている。科学者たちの間では、このカルデラの成り立ちについて見解が一致していない。カルデラに、二つの小さい神社があり、私たちのすぐ後に着いた三人の巡礼者は、賽銭《さいせん》箱に銅貨一、二枚を投げ入れ、柏手を打つ。そして火山の神様に自分たちを災難から守ってくれるように、また世俗的な成功がかなえられるようにと手短に願った。三十秒もあれば、充分である。それで彼らは火山の荒ぶる姿を見る心の準備ができたようだ。

噴火口の周囲はおよそ二マイル（三・二㎞）、深さ百～二百フィート（三十～六十ｍ）、形は円形、南北に伸びて、西側はいびつである。風は立ち上る煙を北へ吹き流していたので、私たちは西の端に立ち、燃え盛るような蒸気越に、ちらっと見えシューシューと音を立てて煮えたぎっている塊を見下ろした。噴火口の南の部分は、他ほど深くも活発でもないので、いくぶん危険はあるが、下りることができるかもしれない。私は硫黄を少しこすり取った。南部分や、もっと活動的な部分は、湯ノ谷と呼ばれている。ここは凄まじい火のように熱い液体がのたくり、うねり、ほとばしり出る。手におえない爆発的な地下の巨大エネルギーから湧き上がるようだ。天気は肌寒く雨が降りそうだった。石の標本を何個か採取し、自然の荒々しく力強い息吹に触れ、急いで谷を下りた。

私たちは一度立ち止まり、浸食されて壁のように険しく切り立った美しい岩に見とれた。鉱物学が専門の日本人教師は、阿蘇の噴火口の中にサマルスカイトや硫化鉄を見つけたと私に話してくれた。地元の人が言うには、谷は現在存在しない火山の噴火口で、かつては湖だったと。白川は山の麓から流れ出し、かなりの水量の滝になった後、熊本を貫いて海へと流れる。火山は時あるごとに軽石の灰を川に降らし、川の水が白色がかった色になることから、白川と名付けられている。この噴火は去る一八八四年に起こった。当時、村は溶岩や軽石によって被害を受け、噴火口の近くでは、直径二～三フィート（六十～九十㎝）の火山岩が飛んだ。噴出物の推定の高さは、六千二百五十フィート（千九百五十ｍ）である。

三一　郊外の山を越えての小旅行

愛媛県上浮穴郡久万町――日本――十一月三十日―久万町は松山から二十一マイル（三十三㎞）のところにある、人口約二千人の山あいの町だ。周辺の小高い山には雪が積もり、標高は松山よりずっと高い。

学校は今、恒例の小旅行を行っている。去年、一団体としては生徒数が多すぎることが分かったので今回は三か所のルートが選定され、生徒は各々が三か所から選べるようになった。第一案は、近隣の県都へ行く七日間の旅である。

ほとんどの生徒がこのコースを選んだ。彼らは、およそ半日を鉄道に乗り、約二十時間の船旅をし、残りは歩きだ。

私が選んだ第二案は、羅漢穴[※12]への旅だ。

羅漢穴は愛媛県の鍾乳洞であり、地下でおよそ三千フィート（九百m）続き、辺ぴな場所ではあるがきわめて注目すべきところだ。

※翻訳者注12　羅漢穴　愛媛県西予市野村町小松にあり、愛媛県最大の大鍾乳洞。全長約三百九十m。

第三案のコースは、滝と陶器製造所を訪ねる三日間の旅だ。

私は今朝の八時に松山を出発し、ここまで自転車でやって来た。七マイル（十一㎞）は、自転車走行にうってつけの道路だったが、それから五マイル（八㎞）は上り坂になり、徐々にきつくなりそうだった。雪は解けていて、しばらくは雨が降り、登り坂は全く終わりそうになかった。生徒たちと四人の先生はすでに徒歩で近道を行っていた。私は、先生や生徒たちがきっと心配していると思ったので引き返せなかったが、もしそうでなければ、私はそこから引き返していたかもしれない。あちこちで、ぬかるみの上は自転車を持ち上げなければならなかった。しかし絶望しかけた時、たぶん千五百フィート（四百五十ｍ）は松山より高地にある山頂の茶店に辿り着いた。そして、残りの五マイルは山の南側になるので、ぬかるみも無く状態も良いとわかった。私は勇気を得て、休憩を取り、そして昼の弁当を食べた。茶店で休んでいたら、モーズリー先生の家の料理人の妹が訪ねてきてくれて驚いた。彼女は、私がこの近くにある彼女の家の前を通り過ぎるのを見ていたのだった。

その茶店をあとにすると、道路は乾いたゆるやかな下りになった。だから自転車が自然に下って行く間、私はペダルに足を置くだけでよく、楽だった。合流地点に到着すると、自転車がとても気持ちよかったので、少し残念だった。ここからは、洞窟までみんなと一緒に歩くことになる。明日のウオーキングは十七マイル（二十七㎞）で、明後日の十時頃には洞窟に着くだろう。その後はまた別行動になり、生徒たちは別の道を、私は来た時と同じ道を帰る。しかし、私は久万町で一人の友達ができた。彼は一緒に洞窟に行き、この出発地点まで私と一緒に帰ってくると決めたのだった。ここから五マイルほどは、見どころのある景色があるという。帰路に立ち寄ってみよう。

愛媛　神納——十二月一日——（「じんのう」現在の大洲市川辺村）

日記に書くのを忘れていたが、昨日の三坂山から見た十マイル先の松山、そして三津の向こうに浮かぶ島々の景色は素晴らしかった。しかし今日といえば、アルプス山脈を見たばかりかそれを二度も越えてしまったようだ。今朝、久万を出発するとすぐに急な登りとなり、道は凸凹で狭く曲がりくねっていた。想像してもらいたい。山々や岩、谷、川、谷間にあるたくさんの小さな畑、それらが異なる形で無数に広がり、時々質素な家やひなびた村が現れ、人の手の入っていない山には種々様々な野生の植物が育っているところを。そうすると私が見た今日の風景がどんなものだったかわかってもらえるだろう。私たちは谷間で食事をとり、午後にはまた厳しい急坂に挑み、眼下に山や谷が広く見渡せるところまで到達した。時にはおそらく百ほどの山、五百ほどの小さな畑が一望できていただろう。

この地域の主な産物はトウモロコシである。山腹や山あいの非常に狭い谷間だけでそのトウモロコシを栽培している。茎はとても細いが、成長不良というわけではない。山に住む彼らの家の前にある、美しい黄色の壁を見てもらいたい。その壁はレンガではなく、今年収穫したトウモロコシで、その量は六十ブッシェル（一ブッシェルは約三十五リットル）くらいだろうが、それらの皮を剥《む》いて逆さにし、整然と吊《つ》るしたものなのだ。このようにして美しい黄色の実の部分のみが見えるようにしている。表戸の前に吊るしてあるトウモロコシは冬の風を遮り、太陽が当たるのでゾウムシなどに喰われない。家の主は必要とあれば見張ることもできるし、おそらく彼にとっては良い眺めでもあるのだろう。

町村——十二月二日——※現在の喜多郡内子町小田

私たちは洞窟の中を距離にして四分の一マイルほど、時には四つ這いになって進んでいった。水が溜まっているところもあった。周りの壁はとても美しく、石筍《せきじゅん》と鍾乳石が繋がって出来上がった見事な柱もあった。それらを見るための明かりはローソクだけだった。私たちのグループは地質学の標本として軽いものを選んだ。疲れ切った徒歩旅行者にとって重い標本は嬉しくないのである。

久万——十二月四日——今日、私はすでに十五マイル歩き、これから自転車で松山まで二十一マイル走ることになる。ここから訪れた岩屋の岩壁は素晴らしく、美しい。

角錐、オベリスク（方尖塔《ほうせんとう》）、塔状の岩々、それらは人間以外の手によって造られた力強い造形である。その地層は単一ではなく，礫岩であり，変化に富んでいる。小石から、またそれよりも大きい、色も大きさも異なる硬い石が、より柔らかい地層の中で組み合わされているのである、それは全体のセメントや固定剤の役割を果たす。ハンマーで、場所によっては手でさえ、その一部を切り取ることができるが、その凝集力は、ひどい裂け目や深淵のある、切り立った、そびえる形状を維持するのに十分であった。それらの頂は鎖や梯子で登れるものもあれば，うんざりするような労苦を経ないと登れないものもある。祠と素晴らしい水の澄み切った泉があり，さらに魅力的なことに，側面と頂上には見事な杉の木が茂っている。

三二　古美術品

十月三日――今日、私は一振りの刀を買った。三百年前のものだが、よく切れる、磨き上げられた刀だ。作者は松野大丞山と、柄に刻まれている。侍、つまり騎士であったK・トヤマ氏から買ったもので、彼は、これを小刀として使っていた。三十年前に同じく武士の三好氏から十八円で購入したという。トヤマ氏によれば、鉄砲が主流ではあったが、京都、東京、山口、伏見でこれを携えて戦ったという。京都、山口では多くの者が殺され、街道筋には死体の山ができたという。敵が勝利を納めた。山口の民は敵方であり、トヤマ氏は天皇の将校の命令に従っていた。

柄の先の穴には腕抜緒《うでぬきお》が通っている。柄《つか》の白は鮫《さめ》の皮である。鞘《さや》は木製で、細い紐《ひも》を巻き、漆で覆われている。

上記の戦いで、山口の民は天皇を国に連れて行ったが、その後、天皇は解放されたと言う。トヤマ氏は、多くの武士が自害するのを見たが、その中に松山のニイノミ氏がいたという。その方法は、刀で「腹を切る」ハラキリである。彼はその方法を見せてくれた。彼は今とても貧しくなっている。実際、多くの武士がそうである。若い頃は三百万人も武士がいて、戦と刀による奉公しか知らなかった。けれども、今の時代が始まると、武士たちの地位は剥奪されたのである。しかし、彼はまだ、その魂を持っている。

十月四日――杉浦さんの友達である三浦さんが、今日、私に一枚の瓦を見せてくれる。それは、京都にある摂政藤原氏の家で千年前に使われていたものである。粘土からできていて、石のようにとても硬くて重い。彼の祖父が百五十年前に京都から持ってきた。藤原家に二百年間地底で保管されており、その後、五百年間は家の中で保管されていたものである。

ある若者が、彼にしてあげたことへのお返しに、収集している古銭の十枚を私にくれた。二百五十年から一三二五年に渡って鋳造されたものだ。

先日、私は自分に粘土でできた五体の神像を四セントで買った。またもう一つ古い像を六十五セントで買った。それを見てほしいと思う。私がそれを持ち帰ったら凄く珍しがられることだろう。

別の若者が、彼の祖父が使っていた兜を私にくれた。千年以上も前に書かれた仏教の法話や軍令を手に入れることもできるのだ。

木曜日に、昔の大名の子孫と共に、ここから二マイルほどのところに行く。そこには千年もの間続いているお寺が建てられている。そして温泉地の道後の近くで、海から三マイルほど離れているところに、二千年前、天皇がその下に船を停めさせた松の木がある。そのころ海岸がそこにあったのだが、稲作農民の事業によりすっかりわからなくなっている。農民たちはどの世代でも海を干拓して土地の一部にした。調べられているところでは、どこでもこのようなことが行われているのだ。

どこの町や都市にでもあるように、ここにも何軒かの古物商がある。経営者は多くの古い品物を買うが、そのうちのいくつかはかなり陳腐である。彼らは外国人や地元の人に売っているが、日本人は、古いもの、面白いもの、そして美しいものの愛好者である。日本の良い古物商店は芸術や骨董品の真の博物館である。

三三　日記より

松山——二月二日——一昨日、市役所で開催されている、私が教えている学校の生徒による美術展を見に行った。この学校の生徒たちが、委員会を通して、市内の非常に古いものも含む有名な絵画や、学生の最近の作品を集めたのだ。この展覧会は三日間開かれ、経費は有志の寄付でまかなわれ、チケットは招待券であった。

昨日の午後は、数人の日本の友人と、二マイルほど離れた、かつて古戦場であった小山に行った。我々は、その記念碑に刻まれている碑文に感銘を受けた。

日本人教師の中で一番の年長者は、殆ど椅子を使ってこなかったらしい。彼は職員室で私の横におられるが、椅子に座って足を床につけるのではなく、椅子の座席に上がり、そこに膝を折って座っておられる。真に「習うより慣れよ」である。先生は中国の古典に長《た》けておられる。

五月四日――今日、私と同居している若者の杉浦さんと、始まった祭りが明日の夜まで続く寺のそばを歩いた。その寺の長い階段の上り下りは、いい運動になる。寺の祭りは、夜になるにつれて盛り上がり、明日は盛大に行われるのだろう。私たちはそれから畑を通り、ひと風呂浴びるために道後へ行った。小麦はちょうど実をつけたところだ。杉浦さんは実に良いガイドで、風呂屋へ行くのにいつもの道を通らず、神社の方へ曲がって、「右の方にいい場所がありますよ」と教えてくれた。その細い道は、果実こそないものの、エデンの園に通じていた。小さな谷間に隠れるように、素朴な建物が幾つかあり、中には流れの上に掛っているものもあった。古風な橋、青く美しい藤の長い花房が懸かる東屋、灌木や花の咲く庭園を縫うように小道があった。

そして、狐を祀《まつ》る祠がその片隅にあった。芸者らが狐にお供えをするのは、この動物が貴重なものを手に入れるのが上手いので、彼女らは愛と金を手に入れたいと望んでいるのだろう。

風呂屋で私は個室を確保し、男女兼用の浴衣に着替えた。脱ぎ着が非常に楽な浴衣を着て風呂場へ行き、そこで脱いだ。石畳と石壁でできている十二フィート四方ほどの浴槽に天然温泉が引かれていて、そこでは寛《くつろ》いで入浴を楽しんだ。

温泉の帰りにある店で着物を買った。店主は最初九十七銭と言ったが、八十五銭を提示すると、ようやくそれで商談が成立した。杉浦さんは、必ず「値切る」ようにと、アドバイスをくれた。

我々は、始まったばかりの稲作を見ながら水田の道を戻った。農家は四角い「苗床」を作り、その苗床の四十倍の広さの田に植えられるだけのもみ種を蒔き、そこに二、三インチの深さまで水を張るのだが、水は一方の角から入り斜め反対の角から出るようになっている。三日もすればこのもみ種は芽を出し、その後五十日ほどここで育ち、田植えに供されるのを待つ。それぞれの苗床には案山子が置かれ、縁起を担いで花が植えられている。

古物店から、チャンス到来とばかりに老人が飛び出してきて、杉浦さんに目配せを送り、外国人の金を手に入れようと、二十五銭の品物を百五十銭で売ると言って、いくつか見せた。杉浦さんはこの老人を「八厘の男」と呼んでいた。十厘で一銭になる。この老人は頭が少し未熟故、八厘なのだと。

それから、古い寺を訪い、私が耳にしていた藤の花を見せてくれるよう頼んだ。円錐形の房が立派な藤棚を覆っており、房の長さは二フィートほどであった。庭の石橋の上に立ち、藤の花房を眺めた。戻りに、「タイヘンオモシロイ！」という兵隊の声が野原の方から聞こえてきた。三つの音楽隊が野原の三か所を占め、それぞれの楽隊には二十本ほどのラッパが配置されていた。その反響は非常に素晴らしいものであった。

九月二十日――私は、この街の理髪店の一つをずっと贔屓《ひいき》にしている。髪を切り、髭を剃り、洗髪をして、合計六銭である。

十月二十二日――私は練兵場つまり、松山のキャンパス・マルティウス（ローマ時代の公共広場の意）から戻ったところだが、そこでは近郊の尋常小学校の生徒約千八百人が教師の指示のもと、試合や陸上競技をして一日を過ごしていた。

また、伝統のある郷土芸能が奉納される寺院を訪れたり、四万ドルを要した釣島灯台[※13]を訪れたりした。

この地の公立学校では、キリスト教、仏教、神道が混ざり合っている。
※翻訳者注13　釣島《つるしま》灯台は瀬戸内海の安芸灘・伊予灘間を通じる重要航路にある釣島に立つ石造の灯台。一八七三年、「灯台の父」と呼ばれるリチャード・ヘンリー・ブラントンの設計により、築造された。

十二月八日――眼科医の渡部先生のところに行ってきた。その医者は現在十五人ほどの患者を抱えている。彼は住まいを広げていて、きっとより良いものになると思うが、あまりに立派になりすぎると貧しい患者から安くて効果的な治療を奪うかもしれない。少年が、お会いできて光栄ですと言って、一、二個の美味しい干し柿を添えて熱い茶と菓子をだしてくれた。

警察署のそばを通って帰り、当局が、来年も仕事をする予定の多数の人力車の定期点検をしているのを見た。

十二月九日――午後九時。屋台をひいた二人の少年が、焼き芋を売りながらやってきた。彼ら自身が寒い時は、熱い芋を取り出して懐に入れる。小さいほうの子が遠くからきれいなソプラノの声で「丸焼き～」と叫び、大きい子がバスの音程で「うま～い、うま～い」と付け加える。

十二月十八日――今週の日曜日の朝、教会に行った時、一人の女性が鳥居をくぐり、下宿屋らしきものの前の空き地に建っている、新しい祠に立ちよっているのを見た。蝋燭に灯りがともっていた。たぶん彼女が祈りをささげる前に灯したのだろう。私の連れが、彼女は芸者―歌手で評判が良くない女性だといった。彼女は多くの資産家を惑わす手助けをしてくれるように狐に祈っていた。

三四　生徒の作文（「清国」「中間」「司馬温公」）

次の小文は日本人の学生が英語で書いた作文で、手を入れず原文のまま掲載する。

（巻末に英文掲載あり）

清国

清は国土が世界で一番広い国です。その国は五つに分かれ、それぞれに名前があります。清―本土、満州、モンゴル、新疆、チベットです。その国の北と南に二本の大きな川があります。清の人口は全世界人口の四分の一です。多くのものがその国で産出されており、石炭が一番よく知られています。清の人々は一般的に知的ではないので、文明はとても遅れていますます。しかし我々は必ずしもその国を見下すことはできません。何年か前，世界に強国として知られているフランスが、清と交戦しました。このときフランス人は、清はとても弱いので、すぐに打ち勝てるだろうと思っていました。しかし清国は、フランスとの多くの激しく勝ち目のない戦いにも、決して敵に屈しませんでした。「清は今眠っているが、しかし眠りから覚めたらすべての国の脅威になるだろう」と清国を評する人もいます。

また私は、十三世紀に世界中を震撼《しんかん》させた「元」の最も偉大なジンギスカンが、日本の偉人、源義経だと聞いたことがあります。源義経は源頼朝の弟です。義経は頼朝のもとでたびたび内乱で戦い、勝利しました。しかし頼朝はこの勇名を馳せた弟を嫌い、それ故義経は蒙古に渡り、そのような偉業を成し遂げました。

中間（ちゅうげん）

三十年前、我が国の社会は封建制度の下にありました。その当時、人々の身分は非常にはっきりしており、身分の高いものと庶民の違いはとても大きいものでした。中間と言うのは最も低い身分の一つでした。中間は藩主あるいは刀を二本差していた武士に仕えていました。彼の仕事は、主君の屋敷を掃除すること、木製の風呂桶の湯を沸かすこと、主君とその家族の世話をし、駕籠《かご》をかき、槍など多くのものを運ぶことでした。又、主君の名前が背中に書いてある質素な半被《はっぴ》をいつも着て、絹のような綺麗な着物を身につけることは許されていませんでした。足袋を履くことはなく、素足に直接草鞋を履いて歩かなければならず、雨の日であっても、高下駄を履くこともできませんでした。彼には権利と言うものはなく、刀は一本腰に差すことが許されていました。手当がとても少ないために家族を養っていくのがやっとでした。家はみすぼらしく、主君の持ち家であり、自分の家を持つ者は稀でした。一か所にたくさんの家が並び、多くの中間が住んでいました。

このように中間は貧しくて惨めな者でした。しかしよく知られた偉大な人物は、しばしばそういう中間から現れたのです。

司馬温公

中国のある都市に寺があり、その近くに水がいっぱい入った大きな甕《かめ》がありました。多くの子供たちがその横で遊んでいました。しばらくすると一人の子どもが「リンがいないぞ！」と叫ぶので、皆が驚いて、彼を探しました。「居た！」と甕を覗いていた一人が言いました。「ここでおぼれている！」集まって来た子たちは不安げに、おろおろしていましたが、誰一人として助けようとはしませんでした。その時、温公が大きな石を取って甕を割ったのです。水がどっと流れ出し、その子は助かりました。

住職はその話を聞いて怒って、「何故おまえは甕を割ったのだ？　弁償してもらうぞ」と言いました。すると温公は「はい、そうします。でも、ご住職様、あの子の命と甕はどちらが大切なのでしょう？　子どもは立派に成長し様々なことを成し遂げるのです。」と言いました。住職は心を動かされ「賢い子じゃのう。私の無礼を許してくれ」と言いました。温公は「有難うございます」と言い、みんなに褒められて家に帰っていきました。

三五　日本を離れ帰国の途へ

所持品を荷造りしたり、生徒に試験をしたりで、数日間は多忙だった。今日は国民の祝日であるが、私は、城下から二十マイル（三十二㎞）ぐらいにある滝、白猪の滝へ直行しよう。それは、日本の滝の中でもことに素晴らしい滝である。私は、日本を去る前にそれを見ておきたい。最初の十五マイルは自転車に乗り、残り五マイルは歩くことにする。

生徒の写真

マルセーユまでの船旅の汽船切符は購入済みである。切符はフランスの会社「メサジェリ・マリティーム社」の発行で、六か月間利用できる特典付きである。八月にはマルセーユに到着見込みである。次の手紙は、かねての手はずどおりに、ボンベイに送ってほしい。そこから、手紙をインドのどこへでも私に転送してもらえる。中国のあと、私の次の主な停泊地は、インドである。アデンは七月一日頃通過予定で、その十日後にはポートサイドである。エルサレムは八月一日頃訪れる予定だ。ヨッパ行きの船には、ポートサイドで乗る。そして、ヨッパからの帰りも、ポートサイド経由になる。

日本滞在中の体験を楽しんで書き残したい。とりわけ、最後の忙しい日々の出来事、それは、出発時のたくさんの生徒や先生方の見送り、松山の小さなキリスト教団体での送別会などだ。私は、それらすべてから受けた喜びや悲しみの入り混じった気持ちを、読者に伝えたい。

私は、官立学校で教えるという最初の契約が交わされた時の予定よりも長く、本国を離れていた。日本を去ることは悲しいけれど、帰国はとてもうれしい。出発の朝ほど島々や入り江、山々が美しく見えたことはなかったし、友人たちの顔もこんなにも愛しく思えたことはなかった。私はこれらすべてを、今書き始めることは控えたい。

一八九四年　四月十日（火曜日）――　私は、フランスの船サラジー号に乗っている。今は午前十一時、あと一時間もすれば、思い出の多い大日本帝国の領海を越え、東シナ海上に入る。今朝はとても興味深いことがあった。それは、八時頃船はまさに陸地に向かって突進するかのように勇ましく進み始めた。ベテランの水先案内人が、舵輪を握る男の傍らに立つと、まもなく、二つの陸地の間に瀬戸が見え始めたのだ！　それは本州と九州を分ける下関海峡（関門海峡）であった。右側の山の上には、大砲八門が入り口を守っている。左側は、多くの船が停泊している給炭港である。右側のさらに向こうには、下関の街が広がっている。

この狭い海峡に、いつの日か橋をかけることが検討されている。サラジー号は、上海からやって来た横浜丸が左舷側に進めるように数分間停船している。横浜丸はゆっくりと前進し、千隻はあろうかと思われるヨットを縫うようにして進路をとっている。私はもう一度、海峡の外玄関を守っている六門の大砲を数える。サラジー号は右折し、私たちが十時の朝食を食べている間に、左側にある小さな灯台に水先案内人を降ろすため、ちょっとの間停船する。その日は晴れていて、船は帆を揚げて風を掴《つか》み、航行は順調だった。

百六十人の乗組員と、乗船客のほとんどはジェスチャーを交えて話すフランス人だ。およそ六人の中国人は接客をし、二十人ほどのアラブ人と浅黒い肌のやせたインド人は、石炭をシャベルで補給する仕事をしている。日本人乗船客の一人は、特等ラウンジを寝室として使っている陸軍中将で、軍事作戦の機密訓練を受けにドイツへ向かっている。もう一人は、造船の仕事でイギリスのニューキャッスルに向かっている。

私と同じ客室にいるアメリカ人は、アメリカ合衆国の木造外輪砲艦「モノカシー」に籍を置いているが、以前はアメリカ海軍の軽巡洋艦※14「リッチモンド」の乗組員だった。リッチモンドはあの有名な世界旅行をしたグラント将軍を乗せて、中国や日本に行った船だ。昨年中国で数人の宣教師が殺害されたが、彼はその葬儀に参列した四十人のアメリカ海兵隊の一人だった。

※翻訳者注14　グラント将軍　元アメリカの大統領として初めて日本を訪問。任期を終えた後、夫人との世界旅行の途中、明治十二年六月に日本を訪れ盛大な歓迎を受ける。明治天皇が浜離宮を夫妻の宿舎として提供。

四月十一日、正午

貼りだされたばかりの航海記録によると、「緯度：北緯三十一度四十九分、経度：パリから東経百二十二度十三分、これまで二十四時間の航行距離、三百二十マイル（五百km）、上海までの距離、百七十マイル（二百七十km）」となっている。

船旅は陸地が見えなくなった昨日から面白くない。英語の読み物は、このフランス船籍の船にはほとんどない。私は英語が読める乗船客のドイツ人に、マーヴィン主教の本『西洋経由で東洋へ』を貸している。彼は、まるでそれが小説でもあるかのようにその本に没頭している。著者のマーヴィン主教は、十八年も経ってこんな遠くの東洋の海上で読者を得るとは思わなかっただろう。主教は間違いなくこの海上で文章の一部を書いている。

松山を発つ前、私は一人の生徒から英語訳付の中国語の『道徳経』[※15]の写しをもらった。それはこのように始まっている。「これが『道』だと言い表せるような道は、偉大なる不朽の道ではない。これが『名』だと呼べるような名は、真実不変の名ではない」

※翻訳者注15　老子道徳経：紀元前五世紀、中国春秋時代の思想家である老子が書いたと伝えられる書。道経（三十七章）と徳経（四十四章）から構成されている。

体格がよくて、気さくで、シルクの外套を着ている神戸の商人は、食料品を仕入れるため香港へ向かっているが、自分の国のこの人生哲学書が側に置いてあるのを見て、それを借りて、読んで、一気に読み終えてしまった。その著者（老子）の時代を問われて、彼はこう答えた。

「私が知らないずっと昔だよ。中国人が弁髪にする前で、弁髪などない時代だ」そしてその言葉を補うように、およそ五フィート（百五十㎝）はある自分の弁髪を掴むと、それをハサミで切る真似をした。

「弁髪は気に入っていますか？」と訊ねると、「いいや、弁髪は不潔だよ、すべての中国人が弁髪を好んでいるわけではないんだ。だが仕方がない、しないわけにはいかないからね」という答えが返ってきた。

おお、長江、長江だ！　この世界の人の往来の大部分は、長江よ、汝の懐でなされている。そして人類の未来の物語もまた、その大部分は汝の流域でくりひろげられる！

日本から乗船し上海に向かっている船客は、陸地が現れるずっと前に、長江が海に流れ込んで海水が濁ることに気がついている。中央アジアの雪深い山々が源流の長江は、おそらく初めは澄んできれいな流れだろう。川は汚れながら遥か遠くまで伸びてやがて海に達する。サラジー号が河口へかなり進んでも未だ陸地は見えてこない。しかしそのうち陸鳥が頭上を舞い飛び、中国の平底帆船ジャンクが折々に通り過ぎる。そして遂に、低く横たわるような両岸の美しい緑が見え始めると、私の目はアジアの大陸に釘付けになるのだった。

—完—

CHINA.

China is the largest country in the world, in land. The country is divided into five, which are named: China, Hondu, Mantru, Mongola, Irea, Chibett. There are two large rivers in north and south of the country. The number of people in China are one fourth of the number of all the people in the world. Many things are produced from the country, and coal is most well known. China peoples are generally not intelligent men, therefore civilization of the country is very slow. But we necessarily cannot look down upon the country. France, which is known in the world as powerful country, engaged in battle with China some years ago. In this time French man thought that China is very weak, therefore he will beat hollow immediately. But China, after many fierce and doubtful struggles with French, never yielded to the enemy. Some people have a criticism to China which is, ‘China is sleeping now, but he will be the terror of all nations if he wake up from sleep.’ Also I have heard that most great Genghis Khan in China, who resounded the world within thirteen century, was Yoshitsune Minamoto, Japanese great man. Yoshitsune Minamote was young brother of Yoritomo Minamote. Yoshitsune frequently battled and conquered in civil war in the cause of Yoritomo. But Yoritomo disliked this brave and illustrious brother, therefore Yoshitsune went to China and did so greatness."

CHUGEN.

"Society was under the ordinance of feudal system in our country thirty years ago. At that time the classes of the people were very evident, and the distinction between noble and the common people was very great. Chugen was one of the lowest class of the people. He was servant of a feudal lord or military man who formerly wore two swords. It was his duty to clean the lot of ground on which his master's house stood, boil the water in wooden bath tub, attend and carry the sedan chair, the spear, and many other things for his master and his master's family. He wore the coarse cloth always with the sign which showed his master's name on his back. He was not allowed to put on the beautiful cloth, such as silk. He must walk with bare feet, unless he put on the straw sandals. Although the day is rainy, he cannot put on his feet the wooden clogs, which are Japanese shoes in rainy weather, and he has no right and could carry only one sword, worn in the belt. His salary was very little, so that he could nourish his family scarcely, and his house was very poor, also belonging to his master, or rarely to himself; and there were many houses on the same place, in which many Chugens were living. Thus, Chugen was a very poor and sorrowful man; but the great man was known from Chugen very often."

SHIBA ONKO.

"In a Chinese city there was a temple, and a large jar nearby filled with water. Many boys were playing on the jar's side. After a little, one cried, 'Oh, Ling is not here.' Every boy was astonished, and asked for him. 'There' said one, looking into the jar, 'he is drowning.' They gathered, disturbed and dismayed; but no one did anything to save him. Then Onko took a large stone and broke the jar. The water ran out, and the life was saved. The priest, having heard it, became angry, and said: 'Why did you break my jar? You must indemnify it.' Then Onko answered: 'Yes I will indemnify it; but here, my priest, which is the most valuable, a boy or a jar? A boy becomes a man, and does any act.' The priest, moved, said: 'You are a wise boy; forgive my rudeness.' Onko, said 'I thank you,' and returned home with great fame."

Common School.

H. Kawahigashi. 5th year.

If the nation be civilized, they should be moved of the necessity of the common school.
It is noticed that, the common school has the first, important and serious place ~~of the~~ in education. We will say of any matter, the first is very important, so also in the common school. Though there are many things to make a man, yet we must say the common school's relation ~~that~~ is most important. ~~part~~. In Japan there are many common school and students in town or in village, where some house been built. We delight very much, in travelling in lonely country or

island, we will heart voices
of reading ~~books~~ and singing
songs, in evening of snow and
morning of flower.
What are they doing? Of course
there are many difference between
town and village, first being
more perfect, but they have
many same respects by the
general rule of court.
They have many lessons;—
reading, writing, arismetic, etc.
Boys can enter the school from
seven years old and end their
lessons ~~for~~ in four years. In my
own experience, common school
served only to open the flowers of
the talents. And there is no
class of noble or humble in students,
so that boys of noble were won
by that of carpenter or farmer
~~often~~. The common school is
very delightful place of in other (many) ~~respect~~

実寸 12.5㎝ ×20.5㎝

【訳文】

尋常小学校

河東　秉五郎　　五年生

国家の文明化が進めば尋常小学校の必要性は明白である。小学校は、教育において最初の最も重要な教育現場と言える。何事においても最初が肝心とはよく言われていることだが、学校においても同じである。人を形成するには色々な要素があり、小学校のありようが最も重要である。日本には数多くの尋常小学校があり、町にも家が建てられ始めた村にも多くの生徒がいる。美しい田舎の村や島を旅することはとても楽しい。そこでは、雪降る夕べに、花咲く朝に、本を読んだり歌ったりする声が聞こえるだろう。彼らはどう学んでいるのだろう？　勿論、町と村の間には多くの違いがある。前者はより完全に近いが、法律の規則により、多くの点で平等が認められている。様々な教科があり、読み書き、算数などである。

男児は七歳になると小学校に入り四年学ぶと卒業する。自分の経験を述べれば、尋常小学校は才能を花開かせるための場所である。生徒間の身分の上下はなく、しばしば士族の子弟は大工や農家の子弟に成績で負けることがある。他の多くの点でも尋常小学校は実に喜ばしい場所である。

(明治 25 年 11 月 4 日)

ヘンリー・ガブリエル・ホーキンス略歴
HAWKINS, (Henry Gabriel)

1866年10月5日　アラバマ州チョクトー郡で父ガブリエル・ホーキンス医学博士と母マーサ・エリザベス・ローレンスの子として生まれる。5歳で洗礼。

1884年　アラバマ大学にて学士取得。

1885年　ホーキンス一家は父の死後、ミシシッピ州クラーク郡エンタープライズに移る。ここで2年間職に就いたが、伝導への道を選ぶ。

1890年　エンタープライズで牧師の資格を得、さらに神学を学ぶためビルト大学に入学。

1892年　日本の松山の公立中学で英語教師となり教鞭をとった。その後日本での見聞を『日本で過ごした二十ケ月』という小冊子にまとめ刊行する。(1901年)

1894年11月27日　メアリー・アレサ・テラルと結婚し、長男が生まれるも、10ヶ月で亡くなる。母親も後を追うように1897年2月に亡くなった。

1897年12月　ジャクソンのウィルソン司教から長老（教職者）に叙階された。

1899年　マディソン郡で牧師として務める。10月18日　アニー・ベッツ・ギャロウェイと結婚。

1939年10月13日（金）　ヘンリー・ガブリエル・ホーキンスは姪（養女ステラ・ギャロウェイ）2人の兄弟、3人の姉妹を残して没す。ホーキンスは、ホィットワース・カレッジ、ポート・ギブソン女子大学、メンフィス女子大学で、学長を務めた。ミシシッピ会議歴史協会の会長も務め、ミシシッピ州メソジスト教会史などを手掛けた彼の名誉を称えたホーキンス財団が設立された。

(アメリカ　ミルサップ大学図書館
ミシシッピメソジスト教会史アーカイブスより)

あとがき

愛媛SGG（Systematized Goodwill Guide）クラブ松山支部英語部翻訳グループの仲間が、ホーキンス先生の日本滞在記に取り組みましたのは、コロナが蔓延し、対面のガイドも全くなくなってしまった頃でした。グループ活動として『Twenty Months in Japan』の翻訳に取り組めましたことは、大変ありがたいことでした。資料のタイプ打ちから始まり、分担資料の検討会がオンラインで休まず開かれ、調べた多くの資料を共有しながらの、私たちの「ホーキンス先生と過ごした20か月」となりました。

この冊子資料をご恵与くださったエモリー大学のクローリー教授、翻訳に当たり様々にご指導いただいたボストン大学のヴィンセント教授、また出版に際し貴重なる祝辞を賜りました松山市立子規記念博物館の竹田美喜総館長に心からお礼を申し上げます。

著者ホーキンス先生について調査時に見つかりました生徒15名の英作文の資料は翻刻・翻訳ができており、近々ご紹介したいと考えています。

（田村七重）

日本で過ごした二十ヶ月

2023年9月20日発行　定価＊本体価格1000円＋税

著　者：Henry Gabriel Hawkins

翻訳者：大塚美和　木下春馬　鈴本節子
田村七重　中村緒由美　松葉睦子
宮田敬子　宮本田鶴子　村上あい子

発行者：大早　友章

発行所：創風社出版
〒791-8068 愛媛県松山市みどりヶ丘9－8
TEL.089-953-3153　FAX.089-953-3103
振替 01630-7-14660　http://www.soufusha.jp/

印刷　㈱松栄印刷所

2023 Printed in Japan　ISBN978-4-86037-337-5